Hanne Wagenvoord

Ich bin nicht verrückt.

Ich bin ein Mädchen!

ISBN: 978-3-937772-33-2

1. Auflage Juni 2016
Lektorat: Ruth Damwerth

Rothenburg 37
48143 Münster
www.biografieverlag.de
Einbandgestaltung: Ingo Daute und Stefanie König, Atelier für Gestaltung, Bonn
Herstellung: books on demand GmbH Norderstedt

Hanne Wagenvoord

Ich bin nicht verrückt. Ich bin ein Mädchen!

biografieVERLAG
ruth damwerth

Dies ist eine Autobiografie. Meine Autobiografie.

Alles, was ich in diesem Buch erzähle, ist wirklich passiert. Aber nicht alles, was mir passiert ist, wird in diesem Buch erzählt... Um Familie, Freunde und Bekannte zu schützen, sind die Namen aller Personen – außer meinem eigenen – geändert worden.
Ich habe die Autobiografie ursprünglich auf Holländisch geschrieben („Ik ben niet gek... ik ben een meisje“) und anschließend mit Hilfe meiner Arbeitskollegin und Freundin Anja Daute selber ins Deutsche übersetzt. Wundern Sie sich daher nicht, wenn an der einen oder anderen Stelle noch das Holländische durchwinkt...

Inhaltsverzeichnis

Vorwort

„Genderdysforie“, so heißt es offiziell. Ich weiß das mittlerweile durch die vielen Informationen und die umfangreiche wissenschaftliche Literatur, die ich in den vergangenen Jahren gesucht und gelesen habe.
Ein Gefühl des Unbehagens, das Gefühl, nicht mit dem Körper zu leben, der zu meinem Inneren passt. Eine biologische Störung, die in der zweiten Hälfte der Schwangerschaft stattfindet. In dieser wichtigen Zeit wird entschieden, ob man als Junge oder als Mädchen die Welt entdecken wird. Bei mir lief während der Zeit im Bauch meiner Mutter etwas falsch, wodurch ich den größten Teil meines Lebens kämpfen musste.

Während einer Unterhaltung mit meiner Psychologin Adette habe ich erkannt, dass ich mit dem Schreiben einer Autobiographie beginnen sollte, denn ich bin ohnehin immer damit beschäftigt, Erinnerungen aus mehr als vierzig Jahren zu sammeln, auch bei der Fahrt im Auto, bei der Arbeit und sogar während des Rasenmähens - immer auf der Suche nach meinen Erinnerungen und Erlebnissen, die anderen zeigen sollen, was es bedeutet, „transgender“ zu sein.
Eine gute Autobiographie gibt eine realistische Vorstellung von Ereignissen und die Wahrheit über eine Person. Trotz Adettes Empfehlung, jedes Ereignis, das

für die Bewältigung meines eigenen Schicksals wichtig war, aufzuschreiben, habe ich entschieden, einige teilweise oder ganz stillschweigend für mich zu behalten.

Juni 2002

Ein ganz gewöhnlicher Morgen, mitten in der Woche. Die Sonne prahlte am holländischen Himmel. Zusammen mit den vielen singenden und zirpenden Vögeln ergab das ein melodisches und fabelhaftes Schauspiel. Es beruhigte meinen Geist, hatte etwas Friedliches und die angenehme Temperatur machte es zu einem perfekten Morgen.
Meine Frau Lara hatte einen 20-Stunden-Job als Küchenassistentin in einem Altersheim vor Ort. Bereits in aller Frühe war sie losgefahren, um das Essen für eine große Anzahl Heimbewohner vorzubereiten. Ich war zu dieser Zeit arbeitslos. Zum ersten Mal in meinem Leben. Die dreizehn Jahre zuvor waren wir selbständig gewesen, hatten in unserer eigenen Metzgerei geackert, kannten kaum eine freie Minute, bis endlich Resultate zu verzeichnen waren und wir uns etwas leisten konnten.

Schon mein ganzes Leben habe ich außergewöhnliche Sachen unternommen, um irgendwo das Glück zu entdecken, und öfters neben mir selbst gelebt, wie ein Verrückter. Immer auf der Suche nach einem Leben, in dem ich mit mir selber im Reinen war. Wenn ich wieder etwas Neues plante, hatte ich etwas, womit ich mein Gehirn füttern und die belastenden Gedanken zumindest zeitweise wegdrücken konnte. Die Erkenntnis, dass einige meiner Aktionen meine Familie in Aufruhr versetz-

ten und ich sie im Sog meiner Unruhe hinter mir her zog, kam erst viele Jahre später.

So war es auch in diesem Zeitraum.

Schon eine ganze Weile war ich mit der fixen Idee herumgelaufen, nach Kanada auszuwandern. Weil ich zu Hause so oft über meine Gedanken sprach, gelang es mir sogar, Lara und die Kinder davon so weit zu überzeugen, dass wir das Inventar unserer gutgehenden Metzgerei und den Firmenwert verkauften und all unser gespartes Geld zusammenlegten und aufbrachen. Wir reisten erst mal für eine Woche in einem kleinen Teil des Landes herum, einen Makler im Schlepptau, dessen Aktentasche von vielversprechenden Angeboten überquoll. Alles sah gut aus, trotzdem scheuten wir im letzten Moment doch zurück. Wir hatten immer gesagt, dass alle vier Familienmitglieder gleichermaßen überzeugt von diesem Plan sein mussten - eine nächtelange Diskussion zeigte aber, dass ich einige doch mehr überredet als überzeugt hatte. Im Nachhinein bin ich froh darüber. Auch in Kanada hätte ich nicht gefunden, wonach ich so verzweifelt suchte.

Aber so kam es, dass ich zum ersten Mal in meinem Leben keine Arbeit hatte und weder sozial- noch krankenversichert war. Ich bin nicht der Typ, der einfach seine Hand für eine Arbeitslosenunterstützung oder einen Leistungsanspruch aufhält, und versuche meistens selber, das Problem zu lösen. Aber das Risiko, dass ich krank wurde, war einfach zu groß. Also meldete ich mich nach ein paar Monaten beim Arbeitsamt in unserer Stadt an, in der Hoffnung, dass man mir sagen konnte, wie es jetzt mit mir weiter gehen sollte. Das schöne Wetter ließ es an diesem herrlichen Sommermorgen zu, die Strecke mit meinem Fahrrad in die Stadtmitte zu fahren und ich war extra frühzeitig gekommen, um mir noch mal die offenen Stellen in der Gegend anzusehen. Nach über einer Stunde Wartezeit war ich an der Reihe. Ich wurde von einem ungefähr dreißigjährigen Mann mit einem ungepflegten Aussehen empfangen. Er trug ein kariertes Hemd und eine verschlissene, ausgebleichte Jeans. Auf seinem unrasierten Gesicht steckte eine modische, runde Brille, die ein paar blutunterlaufene Augen nicht ganz verbergen konnte. Beim Hereinkommen hielt ich ihm zur Begrüßung meine Hand hin und stellte mich freundlich vor, aber anscheinend hielt der Mann es nicht für nötig, meine ausgestreckte Hand zu ergreifen und mich zu begrüßen. Außerdem machte er sich auch nicht die Mühe, mir während des gesamten Gespräches auch nur einmal in die Augen zu schauen. Etwas in mir sagte, dass ich es mit einer sehr eingebildeten Person zu tun hatte. Sein Benehmen während der Schilderung meines Anliegens machte mich verrückt und zehrte an meinem Selbstbewusstsein. Obwohl ich eigentlich ein sehr freundlicher Mensch bin, stand ich kurz vor einem Wutanfall. Seiner Meinung nach hatte ich nicht einmal eine vierjährige Arbeitsvergangenheit, da ich nicht angestellt gewesen war, sondern selbstständig gearbeitet hatte, und deswe-

gen auch nur den Anspruch auf vierzig Prozent einer ohnehin bescheidenen Unterstützung. Während er mir die Sache erklärte, fühlte ich mein Gesicht in Flammen aufgehen und regte mich furchtbar auf. „Wollen Sie mir wirklich erzählen, dass das System in Holland vorsieht, dass jeder Selbstständige, unabhängig von der Anzahl der Jahre, die er sich wirklich den Schweiß von der Stirn gearbeitet hat und Kopf und Kragen mit teuren Investitionen riskiert hat, mit einer nicht ernstzunehmenden, armseligen Unterstützung abgefertigt wird?" - „Ja, so ist es. Damit müssen Sie klar kommen. Und vergessen Sie nicht, wenn Sie Ihren Bewerbungsverpflichtungen nicht nachkommen, erlischt Ihr Anspruch sofort." In einem Atemzug und mit einem Grinsen auf seinem Gesicht erläuterte er mir meine aktuelle Situation. Ich musste mich echt beherrschen, ihm nicht an die Kehle zu springen. Etwas vorsichtiger schaute er mich an, als er endlich merkte, wie sauer ich war. „Ich kann nichts dafür, unsere Regierung hat es so geregelt", sagte er. „Ja, das verstehe ich. Aber die Art und Weise wie Sie mir das erzählen - als wenn Sie auch noch Spaß daran hätten." Es ist ein Zeichen meiner Wut, dass ich gar keine Angst kannte, alles zu sagen, was sonst absolut nicht meine Art war. Ich bin immer sehr verständnisvoll und reagiere realistisch auf Probleme mit dem Wunsch, sie zu lösen. „Jetzt wollen Sie mir sicherlich auch noch erzählen, dass ich die Selbständigkeit hätte lassen müssen und dieses die Konsequenzen für mich sind", rief ich ihm bissig zu. „Hö-

ren Sie mal gut zu! Wenn es gar keine Menschen gäbe, die so mutig sind, ein Unternehmen anzufangen, könnten Sie den ganzen Tag hier sitzen und Däumchen drehen!" Mit Schwung riss ich die ausgefüllten Formulare von seinem Arbeitstisch, stand auf, drehte ihm meinen Rücken zu und verschwand. Was für ein System in diesem Land! Ich hatte die holländische Steuerkasse jahrelang mit der Hälfte des Gewinns aus unserer Metzgerei gefüllt und all die Jahre alle Sozialabgaben fürs Personal als braver Bürger bezahlt. Und jetzt? Durfte ich nach diesem System selber nichts zu beißen haben.
Wütend verließ ich das Gebäude.
Ich war entsetzt.
Aber nicht über das holländische System. In letzter Zeit bemerkte ich immer öfter eine Verbitterung in mir. Als ob mir das Leben nicht länger gefiel. Ich hätte mich in dem Büro nicht so aufregen müssen. Es passte überhaupt nicht zu mir und der Mann, so unsympathisch wie er war, konnte eigentlich auch nichts dafür.
Ich wusste schon lange, dass mich vor allem mein transgender Problem plagte und ich deshalb manchmal sauer und depressiv reagierte. Aber diesmal war ich wirklich ein Opfer des Systems geworden und fühlte mich ungerecht behandelt. Außerdem war ich mit Verpflichtungen eingedeckt und musste mich jeden Tag mit angebotenen Stellen beschäftigen und mich bewerben, obwohl viele von ihnen gar nichts mit meinem Berufszweig zu tun hatten, was mich zusätzlich frustrierte.

Nach den guten Jahren in unserer Metzgerei kamen jetzt offensichtlich die mageren und sparsamen Jahre. Es blieb uns nichts übrig, als von dem Ersparten zu zehren. Trotz der Verpflichtungen für das Sozialamt blieb mir eine Menge Freizeit. Unsere Wohnung war klein und der Garten pflegeleicht. War alles in Schuss, unternahm ich lange Wanderungen. Zum ersten Mal in meinem Leben hatte ich mir auch vorgenommen, eine lange Viertagewanderung durch Holland zu machen. 200 Kilometer in vier Tagen. Nur noch in extremen Anstrengungen fand ich ein Mittel, meine innere Unruhe zu bekämpfen, mein Identitätsproblem zu unterdrücken. Ich war immer noch vergeblich auf der Suche nach meinem Glück und nur während langer Gewaltmärsche gelang es mir, über meine außerordentliche persönliche Situation nachzudenken und meine immer stärker werdenden Depressionen in den Griff zu bekommen.

Bis zu dem bewussten Tag…

Anfang der sechziger Jahre

Du bist ein Nachkömmling, ein Nesthäkchen, wenn du als Kind ganz schön viele Jahre nach deinem Bruder und deiner Schwester angehüpft kommst.
Ich war so einer und hatte einen Altersunterschied von dreizehn Jahren zu meiner Schwester und sogar sechzehn Jahre zu meinem Bruder. Selbstverständlich lief das Alter meiner Eltern damit parallel. Bei meiner Geburt war mein Papa, ein Brotbäcker, schon ein Mann im mittleren Alter. Nach vielen Jahren Schufterei in einer kleinen Bäckerei in unserem Dorf wurde er zum Glück als Bäckermeister in einer Ladenkette angenommen, was für ihn endlich den Arbeitsdruck verringerte. Mit seinem kurzen gedrungenen Körper und seinem glänzenden Kopf war er ein Mann, der hart arbeitete und sehr lange Tage hatte, aber er beklagte sich nie. Er war ruhig, sehr klug und seine Entscheidungen waren immer gut durchdacht. In krassem Gegensatz zu mir war er einer, der seinen Weg mit ganz wenig Widerstand fand. Nur wenn er in unserem Schuppen einer kleineren Reparatur nachging, was absolut kein Hobby von ihm darstellte, war es vernünftig, ihm aus dem Weg zu gehen, nicht in seiner Gegenwart zu sein. Wenn sein Projekt nicht gelang, bekam er oft einen ernsthaften Wutanfall, wobei er mit kräftigen Schimpfwörtern nicht sparte. Obwohl seine Fähigkeiten und Erfahrungen im

Bäckerhandwerk ausreichend waren, fehlte ihm der Mut, mit einer eigenen Bäckerei die Selbstständigkeit zu wagen. Offensichtlich war er mit seinem eintönigen Leben zufrieden. Wenn ich mich an ihn erinnere, sehe ich einen rentenberechtigten alten Mann in der Küche, etwas krumm vorübergebogen stehend an der Arbeitsfläche in der Küche. Mit einem kleinen Schälmesser in seiner steif gewordenen Hand enthüllte er die Kartoffeln von der Schale. Und wenn man Glück hatte, verschwand ein zufälliger Tropfen aus seiner Nase neben den Topf, in den er die geschälten Kartoffeln plumpsen ließ.

Im Gegensatz zu meinem Papa war meine Mama mit ihren 34 Jahren noch ein bedeutendes Stück jünger, als sie mich an einem schönen Frühlingstag im Jahr 1959 zur Welt brachte. Sie war beträchtlich kleiner als ihr Ehemann und mit einer dicken, dunklen Lockenpracht gesegnet, die zu ihrem guten Aussehen beitrug. Ihre übertriebene Ordnungsliebe schlug ab und zu in Stress über. Ich glaube, sie brauchte die Struktur und Ordnung, davon durfte nicht abgewichen werden. Dauernd war sie mit ihrem ohnehin schon blitzsauberen Haushalt beschäftigt und ich hörte sie dann schimpfen und rufen, dass ihr das Leben auf diese Art und Weise gar nicht gefiel. Eigentlich wurden alle ihre materiellen Wünsche erfüllt. Oft etwas später als geäußert, aber sie wurden erfüllt. Einen Grund, sich zu beklagen, gab es für sie eigentlich nicht. Während meiner Kindergartenzeit nahm sie eine Arbeitsstelle in einem Versandhaus an, wo sie jeden Code von tausenden Versandartikeln auswendig lernen musste. Es war für sie offenbar eine schwere Belastung, neben ihrer Arbeit zu Hause einen Beruf mit all den damit einhergehenden sozialen Verpflichtungen auszuüben. Plötzlich hatte sie mit Verantwortung bei der Arbeit und einer großen Anzahl von Arbeitskollegen zu tun. An beides gewöhnte sie sich nie. Die Belastung wurde ihr zu viel und ihr Hausarzt empfahl ihr, den Job zu beenden. So landete sie in der Invalidenversicherung. Viel später, als es ihr wieder besser ging, spürte ich ihren Stolz über die frühere Arbeit beim Versandhaus. „Aber ich kannte jeden Code von jedem Artikel", äußerte sie oft.

Einmal habe ich meine Mama gefragt, warum ich als ein Nesthäkchen, so viele Jahre nach meiner Schwester, geboren wurde. „Ihr wart alle Unglücksfälle", murmelte sie kaum verständlich. Sie hatte damals schon einen Schlaganfall erlitten und sprach nur noch undeutlich. Ich werde nie erfahren, ob diese Antwort ernst zu nehmen war. Sicher hat meine späte Geburt Leben in die Familie gebracht! Ich wurde „Hans" genannt und es fehlte mir materiell an nichts. Die Nachgiebigkeit meiner Eltern nutzte ich als Nachkömmling aus, ohne mir dessen bewusst zu sein. Oft war mein Vater für mich da, um mir manche Sachen zu erklären. Aber es fehlte die familiäre Nähe, ein bisschen

Zuneigung und Liebe zueinander. Nie wurde bei uns mal ein vollmundiges „ich liebe dich" gesagt oder gekuschelt. In anderen Familien beobachtete ich das manchmal. Bei uns gab es das einfach nicht.
Das Auffälligste war, dass ich schon ziemlich jung ständig und ernsthaft in Gedanken versunken war. Dauernd saß ich still da, in Grübeleien versunken, ein abwesendes und bedrücktes Kerlchen. Trotzdem haben meine Eltern nie gefragt, was sich denn da gerade in meinem Kopf abspielte.
Ich wuchs in einem Neubauviertel in einem kleinen Dorf mit vielen Kindern auf. Und es begeisterte mich, dass es viel mehr Mädchen als Jungs in unserer Straße gab. Ich fand es gar nicht schlimm, einer der wenigen Jungen zu sein, ich genoss es und war mit der Mädchenclique aus der Straße glücklich. Nebenan wohnte eine Familie im Alter meiner Eltern mit drei Kindern, einem älteren Sohn und zwei Töchtern. Die waren für mich am interessantesten. Beide waren hübsch und so eindrucksvoll groß, dass ich eine Genickstarre bekam, wenn sie anfingen zu quatschen, und ich mich auf meine kindliche Art einmischte. Irgendwann fand ich ein Bild von den beiden in einem alten Schuhkarton auf dem Dachboden. Darauf sieht man, wie stolz ich mit den beiden langen Mädchen zusammenstehe. Aber eines Tages, als ich nachmittags aus der Schule kam, war die Wohnung ausgeräumt. Ohne Vorwarnung waren die hübschen, baumlangen blon-

den Töchter verschwunden. Zum Glück zog nur wenige Tage später ein alleinerziehender Vater mit seiner Tochter in das Haus. Ich hatte wieder ein neues Nachbarsmädchen. Diesmal eins, das nicht viel älter war als ich!

Meine Kindergartenjahre habe ich mit sehr viel Vergnügen erfahren. Ich stürzte mich in jede Aktivität und Aufgabe und war sehr kreativ. Wenn es eine Urkunde für meine Basteleien gegeben hätte, wäre ich bestimmt mit ‚cum laude' benotet worden. Ich liebte Frau Abbink, unsere Betreuerin und fühlte mich bei ihr sicher und sorglos. Ich ging wirklich mit großer Freude zum Kindergarten. Vielleicht war meine Zuneigung für sie einer der Gründe, warum ich mein Bestes geben wollte, aber trotzdem blieb ich schüchtern und zurückhaltend. Ein Kerlchen, das bis weit hinter seine Ohren die Schamesröte bekam, wenn sie mir nach einem lieben Kompliment für eine schöne Arbeit über meine glatten Haare streichelte.
Etwa nach der Hälfte des ersten Jahres kam ich an einem Montagmorgen als einer der Ersten auf dem Schulplatz an. Es war ein grauer, trüber und kalter Morgen. Wir durften wegen des schlechten Wetters früher hinein gehen, um zu verhindern, dass wir noch nasser wurden. Zwei lange Reihen Jackenhaken hingen an beiden Seiten der Wände bis zum Ende des Gebäudes, wo eine alte und stinkende Ölheizung dafür

sorgen sollte, dass es angenehm in der Kleiderablage blieb und die Jacken einigermaßen trockneten. Nachdem ich meine Jacke so nah wie möglich an die brummende Heizung gehängt hatte, schlenderte ich in den Gruppenraum hinein, suchte meinen Tisch und wunderte mich, warum die viel ältere Kindergärtnerin aus der anderen Gruppe den Platz meiner Lieblingslehrerin eingenommen hatte. Ihr barsches und immer schlechtgelauntes Gesicht erinnerte mich an eine Witwe, die in unserer Straße wohnte. Sie war genau so klein und auch von ihrem Gesicht konnte man allen Kummer ablesen, den sie in ihrem Leben durchgemacht hatte. Sie waren beide in einem Alter, dass sie die Kriegsjahre bewusst erlebt hatten. Es hieß, ihr Ehemann war im Krieg in einem deutschen Konzentrationslager umgekommen. Die streng aussehende Kindergärtnerin stand auf, schaute über ihre kleine Brille und rief den inzwischen gefüllten Raum zur Ruhe auf. Sie erzählte, dass Frau Abbink nicht zurückkommen und eine neue Erzieherin gesucht würde. Eine Weile war es im Klassenraum mucksmäuschenstill. Ich war schwer getroffen. In den darauffolgenden Tagen verschwand meine Lust, zum Kindergarten zu gehen, immer mehr. Ich vermisste Frau Abbink, bei der ich mich sicher und geschützt fühlte. Der Gedanke, nicht zu wissen was mit ihr los war, machte mich unruhig und traurig. Ich erinnere mich noch sehr genau daran, dass ich während dieser bedrückenden

Zeit einmal vom Kindergarten nach Hause geflüchtet bin, heimlich mein knallrotes Go-Kart aus der Scheune geholt und mit der Kraft der Verzweiflung in die Pedale getreten habe, unsere Straße entlang, links in eine Straße wieder hinein und am Ende davon habe ich mich tief in die Büsche geschlagen und dort versteckt. Erst viel später wurde ich dort schluchzend von meiner mittlerweile alarmierten und beunruhigten Mutter gefunden, nachdem sie schon mehrere Male mit dem Rad an mir vorbei gefahren war. Mit dicken Tränen auf den Wangen schlich ich unter dem dichten Laub hervor, mein Go-Kart hinter mich herziehend. Unterwegs nach Hause, erzählte ich ihr von meinem Verdruss und Kummer wegen des Verlustes meiner allerliebsten Kindergärtnerin.

Die neuen Bewohner neben uns waren einfache, zurückgezogene Menschen. Das Mädchen sah lieb aus, aber was mir noch mehr auffiel, waren ihre farbenfrohen Kleider und Strumpfhosen. Jedes Mal wenn ich sie darin antraf, schaffte ich es nicht, meine Augen von ihr abzuwenden. Bestimmt war es für den Vater nicht einfach, neben seiner Arbeit alles alleine zu erledigen, zumal sie keine Waschmaschine besaßen. Also wurde das Angebot meiner Mama, für sie die Wäsche zu besorgen, mit großer Dankbarkeit angenommen. Bei den meisten Familien wurde montags gewaschen. Dann hingen in jedem Garten die Leinen voll mit wehender Wäsche. Montags morgens, schon ganz früh am Tag, stellte unser Nachbar auch seinen Wäschekorb an die Hintertür. Danach fuhr er auf seinem klapperigen Fahrrad zur Arbeit. Meistens war ich schon wach und hörte meine Mutter nicht viel später die Treppe herunter schleichen. Durch mein Schlafzimmerfenster sah ich sie in ihrem Nachthemd zur Scheune zuckeln, den Wäschekorb unter ihrem Arm. Den ganzen Tag war sie mit der Wäsche beschäftigt und bis spät in den Nachmittag bügelte sie in unserem kleinen Hauswirtschaftsraum die frisch getrockneten Sachen. Oft schlich ich an ihr vorbei und guckte mit neidischem Blick nach den Mädchenblusen, den Röcken und den farbigen Strumpfhosen der Nachbarstochter und wenn sich ein unbeobachtete Moment ergab, stahl ich mich heimlich in den kleinen Raum, wo die frisch gebügelte Wäsche sorgfältig gefaltet und sortiert im Korb lag. Niemand hätte mich dann noch davon abhalten können, die interessante Wäsche zu berühren und zu streicheln. Beim Berühren des zarten Stoffes kamen zum ersten Mal komische Gefühle in mir hoch. Ich war damals sechs Jahre alt und das war die allererste Wahrnehmung meines Problems. Ein Problem, das ich nicht verstand oder durchschaute und das langsam aber sicher zu einer jahrzehntelangen Qual anwachsen würde.

Das viele Grübeln und Tagträumen ließ nicht nach. Es wurde eher schlimmer. Vor allem nachts, wenn ich in meinem Bett lag und meinen vagen Gedanken freien Lauf ließ. Warum es mich beglückte, daran zu denken, dass sich Mädchen anders als ich verhielten. Warum sie hübscher gekleidet waren, ihre Körper graziöser bewegten und warum sie sich mit ihren zarten, feinen Händen so viel zierlicher ausdrücken konnten als ich. Immer öfter schlief ich nachts schlecht und immer wieder wiederholten sich die gleichen Fragen. Mein Kopf war voll. Meine Konzentration verschlechterte sich und in der Schule war ich auffällig gedankenabwesend. Nur außerhalb der Schulzeiten, draußen auf einem Spielplatz oder der Straße, in Gegenwart meiner Freundinnen, fühlte ich mich sorgenfrei und dann verstummten meine quälenden Gedanken. Allmählich kapierte ich, dass mich mein störender Geist in Ruhe ließ, wenn ich aktiv war.

Tagsüber spielten wir oft draußen, all die vielen Kinder aus unserer Straße. Immer so lange, bis es fast dunkel war und wir zum Hereinkommen gerufen wurden. Meistens hielt ich mich bei den Mädchen auf. Ich hatte nichts mit Jungs im Sinn, sah die lieber mit sicherem Abstand und war alles andere als beruhigt, wenn die sich in meiner Nähe aufhielten. Ihr oft rohes oder sogar manchmal gewalttätiges Benehmen beschämte mich und ich entwickelte eine vage Abneigung gegen sie. Mit Mädchen erlebte ich das nicht. Das Zusammensein mit ihnen fühlte sich so angenehm an, dass sich in mir etwas änderte, dass ich mein zurückhaltendes und schüchternes Wesen ablegte und offener wurde. Wir quatschten und kicherten gerne und spielten typische Mädchenspiele. Ich hatte riesigen Spaß und fühlte mich richtig wohl. Aber sobald sich da Jungs hinzugesellten, drehte sich meine ausgelassene Atmosphäre ganz schnell. Ich hatte das Gefühl, mein mädchenhaftes Verhalten in ihrer Anwesenheit unterdrücken und mich ihnen anpassen zu müssen. Spaß hatte ich daran nicht.

Bei uns um die Ecke floss ein kleiner Kanal. Die mit den Händen gegrabene Wasserstraße diente kurz nach dem Krieg für die kleinen, winzigen Frachtschiffen, die mit Torf, Kies und Muschelschalen für die kleine Industrie unseres Dorfes beladen wurden. Aber diese Schiffe wurden immer weniger und der Kanal veränderte sich langsam zu einem breiten Graben, der im Frühling mit bunten Seerosen zugewachsen war. Neben dem alten Kanal, in dem nicht nur Fische, sondern auch Ratten lebten, lag ein kultiviertes Grundstück. Es war für die umliegenden Dorfbewohner mit kleinen Gemüsegärten ausgestattet. In dessen Nähe hielten wir uns oft samstags auf, und manchmal klauten wir Rote Beete aus den Gärten, gruben ein Stück weiter ein Loch in die Erde und machten mit stibitzten Streichhölzern und etwas Reisig ein kleines Feuer. Danach deckten wir es mit einem Stück altem Eisengitter ab und kochten die Beete in einem alten aufgegabelten Topf mit dem dreckigen Wasser aus dem

Kanal. Manchmal mussten wir atemlos vor einem Gartenbesitzer fliehen, der von der Rauchentwicklung angelockt die Erntediebe fassen wollte. Erst wenn es dunkel wurde, dachten wir darüber nach, nach Hause zu gehen. Bevor wir den Tag beendeten, blieben wir immer noch ein paar Minuten in der beinahe autolosen Straße, um unsere gemeinsam Zeit auszudehnen. An diese Nachmittage denke ich wirklich gerne und mit ein bisschen Nostalgie zurück. Es sind überwiegend Erinnerungen, in denen ich mit den Mädchen Seil gesprungen bin, mit einem Ball über die Bordsteinkante zielte und wir Verstecken gespielt haben, das alles begleitet von Späßen und Neckereien. Ein sorgloses Großwerden in einem Land, das nach einer armseligen Kriegs- und Krisenzeit im Wiederaufbau war. Obwohl ich als Nachkömmling mein Zuhause immer als sehr langweilig erfahren habe, war es draußen mit den Mädchen zusammen fabelhaft und spaßig. In ihrer Anwesenheit war ich wirklich glücklich und ahnte nicht, was mich noch alles erwarten würde.

Juni 2002

…bis zu dem bewussten Tag.

An diesem Tag hatte ich mir vorgenommen, eine Wandertour von 60 Kilometern in Angriff zu nehmen. Immer mehr brauchte ich solche Gewaltmärsche, extreme körperliche Anstrengungen, um meine Gefühle wegzudrücken. Durch diese Gefühle, die mich immer mehr bedrängten, schlief ich in letzter Zeit besonders schlecht, so auch die Nacht vor meiner langen Wanderung. Aber nur wenn ich aktiv war, schaffte ich es, das Gefühl einigermaßen zu verdrängen und fand genug innere Ruhe, um mein Leben zu überdenken. Diese Ohnmacht, die sich stets tiefer in meinem Geist eingenistet hatte: Ich traute es mir immer noch nicht zu, über mein wirkliches ‚Ich' zu reden. Der Drang danach wurde aber mit jedem Tag größer und schlimmer. Nur Lara kannte meine Gefühle, meine daraus resultierende rastlose Energie und meinen Drang nach Erlösung.

Wir hatten besprochen dass sie mich in einem kleinen Dorf außerhalb der Stadt absetzen würde. Die Gegend war gleich märchenhaft und die schlängelnden schmalen Wege und das liebliche Panorama sollten es eigentlich angenehm genug machen, so dass man ganz einfach viele Kilometer schaffen konnte.

Aber auf einmal verging mir all das Schöne.

Uninteressiert ließ ich alles an mir vorbei gleiten.

Ich hatte keinen Kopf dafür. Mein Kopf war voll. Voll mit ununterbrochenen Gedanken über meine Arbeitslosigkeit und vor allem mit meinen immer schlimmer werdenden transgender Gefühlen, die mich mittlerweile tief unglücklich machten. Es gab kaum noch etwas, was mich erfreuen konnte und ich hatte Mühe, an die schönen Dinge in meinem Leben zu denken, wie z.B. an meine glücklichen Jahre mit Lara und unseren Kindern. Meine Traurigkeit wurde immer größer und allumfassender.
Während ich durch die leicht abfallende Landschaft wanderte, hörte ich in der Ferne die laute Schelle eines Eisenbahnüberganges und bald darauf die Geräusche eines sich nähernden Zuges. Mein Kopf dröhnte und meine Gedanken kreisten mühselig um meinen Kummer, mein unerfüllbares, immer größer werdendes Verlangen. Kreisten und kreisten, bis sie mich schwindlig machten.
In der Nähe des unbeschrankten Bahnüberganges, an dem ich inzwischen angekommen war, stand ein Picknicktisch. Einer von denen, die man überall während einer Wanderung im Wald antreffen kann. Ich ließ den Rucksack von meinen Schultern sacken und stellte ihn auf den Holztisch. Die schrille Schelle des Übergangs klingelte schon wieder und kaum eine Minute später donnerte ein gelber Intercity mit hoher Geschwindigkeit vorbei.
Mit ächzenden Knien setzte ich mich an den Tisch, der so aufgestellt war, dass man weit die Bahnstrecke entlang sah, wo schon der nächste Zug in der Ferne auftauchte.

Ich fischte eine Dose mit belegten Broten aus meinem Rucksack und bemerkte, dass die während der langen Wanderung fast die gleiche Temperatur angenommen hatte, wie die Außentemperatur. Als ich sie öffnete, kamen mir die Aromen von verschiedenen Aufschnitten entgegen. Unaufmerksam biss ich in eine Scheibe und starrte zu dem Bahnübergang, während ich mechanisch kaute.

Ich war müde und erschöpft. Nicht nur wegen des Wanderns, sondern von der jahrelangen Last einer wachsenden Depression, die mich immer mehr beherrschte und die ich nicht in den Griff bekam. Wiederholt war es in letzter Zeit vorgekommen, dass Lara mich anstieß und mich fragte, ob ich wohl verstanden hatte, was sie mir gerade erzählt hatte. Mit großen Augen schaute ich sie dann erschrocken an und hatte Mühe, meine Tränen zurückzuhalten. Ich hatte keine Ahnung, worüber sie gerade geredet hatte, vollkommen in Beschlag genommen von schrecklichen Gefühle, die mich überkamen und in denen ich sogar mit dem Gedanken an Selbstmord spielte. Genauso fühlte ich jetzt. Mitten in einem nach Tannen duftenden Wald. Ein Wald, in den lediglich eine Schneise für eine Eisenbahn geschlagen war, die an diesem Tag in der Sonne glänzte und von der eine sengende Hitze aufstieg. Ich hatte die Wanderung und die Umgebung als entspannend und angenehm erfahren wollen, aber stattdessen blieben nur Trauer und Kummer. Immer wieder endeten meine Gedanken in Verzweiflung und

Aussichtslosigkeit. Erschüttert, schmachtend nach meinem inneren Glück.
Beim erneuten Klingeln der Schelle, wandelten sich meine deprimierenden Gedanken plötzlich zu einer großen Trübseligkeit. „Ich werde doch nicht?“, fragte ich mich. Dann wäre ich davon befreit. Endlich befreit aus der Misere, die ich schon mehr als vierzig Jahre mit mir herum schleppe. Die sinnlosen Träume und störenden Ideen, die mich quälten, würden ausschließlich wachsen, bis ich vielleicht daran zerbrach. Das wusste ich. Ich hatte in den letzten Jahren die Geschichten von vielen Schicksalsgenossen gelesen. Ich musste etwas tun. Ich wollte mich von meinem unerträglichen Kummer befreien, den tief liegenden Schmerzen, die mich immer mehr zerstörten.
Langsam stand ich auf und lief gedankenverloren vom Picknicktisch weg. Es fühlte sich an, als ob ein Geist mich kontrollierte und meinen Körper im Griff hatte. Ein Geist, der mich begleitete und mich vor sich her trieb, in die Richtung des Bahnüberganges. Mich gar nicht mehr realisieren ließ, dass ich mit der liebsten Frau der Welt verheiratet war und zwei fabelhafte Kinder hatte, die mich aufrichtig liebten. Dass ich glücklich mit ihnen war und wirklich sehr viele schöne Jahren genossen hatte.
All das ließ ich los.
Ich hatte keine Kraft, daran zu denken.
Noch einmal guckte ich mich nach meinem Rucksack um, der halb geöffnet auf dem Tisch stand. Die Flasche Was-

ser, die ich gerade geöffnet hatte, war noch fast voll und das Brot, von dem ich soeben abgebissen hatte, lag angegessen auf dem Deckel der Dose. Alles was ich hörte, war mein schneller Herzschlag und das laute Klingeln der eintönigen, hypnotisierenden Schelle. Ansonsten war es totenstill um mich herum.
Schritt für Schritt lief ich den rot blinkenden Lampen des rasch näherkommenden Zuges entgegen. Näher und näher.
Plötzlich zerriss ein ohrenbetäubendes Pfeifsignal die Stille. Bruchteile von Sekunden, bevor ich den Sprung in meine Freiheit, meine Erlösung, machen wollte. Das Kreischen bohrte sich quer durch mein Gehirn, krachte in mich, gleichzeitig mit einem blitzenden, hellen Licht. Es war, als ob mir jemand zuschrie, mit diesem Wahnsinn aufzuhören. Reflexartig trat ich einen Schritt zurück und stolperte rückwärts über einen hoch stehenden Stein. Noch im Sog des vorbeirasenden Zuges ging ich zu Boden. Ich war geschockt und spürte aufkommende Tränen und ein heftiges Zittern durch meinen ganzen Körper. Regungslos blieb ich liegen und starrte zu dem strahlend blauen Himmel auf. Durch meine Tränen sah ich verschwommen ein paar Vögel vorüber fliegen.

Irgendwann stand ich auf.
Ich griff nach meinem Kopf, der noch schlimmer dröhnte, als vorher, und fühlte, ob ich nach dem Sturz irgendwo blutete. Vollkommen durcheinander klopfte ich meine

Hose ab und stolperte zu dem Picknicktisch zurück, auf dem meine Sachen lagen. Der Sitz, von dem ich kurz zuvor aufgestanden war, fühlte sich noch warm an und ich sah, dass eine dicke Brummfliege sich inzwischen an meiner Brotscheibe zu schaffen machte. Nachdem ich noch einige Minuten dagesessen hatte, wachte ich langsam aus meinem Wahn auf. Ich kam zur Besinnung und dachte an die schrecklichen Folgen, die ich mit einem gelungenen Selbstmordversuch meiner glücklichen Familie angetan hätte. Mit dicken Tränen auf meinen Wangen wurde mir klar, was ich getan hatte, hatte aber keine Erklärung, was für ein Geisteskranker da in dem Moment durch meinen Kopf gewirbelt war.

Fast eine Stunde saß ich da noch und grübelte. An meine egoistische Tat denkend und daran, wie ich mein Leben ändern konnte. Wie ich es erträglich machen, vielleicht sogar glücklich werden konnte. Ich wollte so gerne von meiner Depression befreit werden und dafür gab es nur eine Lösung.

Ich streckte meine Beine und stand auf. Meine Knie zitterten noch immer von dem Schreck des Vorfalls. In aller Eile packte ich meinen Proviant zusammen und setzte meine Wanderung fort. Diesmal überquerte ich den Übergang auf verantwortungsvolle Weise. Jetzt ganz bewusst, nach dem, was mir passiert war. Noch mal schnell wanderten meine Augen über die in der Ferne zusammenlaufenden Bahngleise. Ein unbekannter aber aufmerksamer Lokführer hatte meine egoistische Denk-

weise zerstört und mich zum Glück dazu angespornt, meinem Leben endlich eine Wendung zu geben.

Abends habe ich mein Erlebnis Lara erzählt, die erschrocken in Tränen ausbrach. „Ich vereinbare morgen als erstes einen Termin mit deinem Hausarzt. So geht es nicht länger weiter“, sagte sie weinend. Sie war furchtbar böse, entsetzt und traurig, aber gleichzeitig auch ganz froh, dass es nochmal gut gegangen war. Wie kein anderer wusste sie von meinem inneren Verlangen und wusste, dass es mich langsam ruinieren würde. Trotzdem hat es noch sechs Jahre gedauert bis ich konkrete Schritte unternahm. Vorerst blieb noch ein langer Leidensweg.

Mädchenfahrrad

Im Alter von **sechs** Jahren

Unsere neue Nachbarin besaß ein altes Fahrrad, ein dunkelblaues, klapperiges Ding. Wenn man es genauer anschaute, hatte es an einer Seite nur noch ein halbes Pedal, auf der anderen Seite war sogar nur noch die Metallstange, auf das das Pedal aufgesteckt wurde, vorhanden. Der braun verrostete Lenker hatte keine Handgriffe mehr und ein Schutzblech hing schief und war nur noch mit einer Schraube befestigt. Obwohl es keine Lampen mehr besaß, gab es einen festgerosteten Dynamo am Vorderrad, der das Fahren nicht gerade vereinfachte. Man hätte wirklich keinen Gulden mehr dafür ausgegeben.

„Das ist für dich", sagte unser Nachbarsmädchen, nachdem sie eines Morgens in aller Frühe auf ihren Zehen stehend geklingelt hatte, und zeigte voller Stolz auf das Fahrrad, das sie auf dem Bürgersteig gegen einen Laternenpfahl gelehnt hatte. Ihr Vater hatte tags zuvor entschieden, es mir zu schenken, da ich bis dahin nur das Go-Kart besaß. „Für alle Mühe, die deine Mama mit unserer Wäsche hat, sagt mein Papa. Der Sitz muss wohl erneuert werden. Aber mein Papa sagt, wenn man einen Jutesack darüber zieht, geht das noch prima." Ich betrachtete vollkommen überrascht das neue Fahrgerät, dessen Mängel mir gar nicht auffielen, auch nicht ins Gewicht fielen, und war selig. Nicht nur, dass ich jetzt auch ein eigenes Fahrrad hatte. Nein, am meistens freute ich mich, dass es ein echtes Mädchenfahrrad war! Dieses alte Fahrrad war der erste Besitz, über den ich vor Stolz strahlte. Ich fühlte mich nicht wie ein König, nein, viel besser, wie eine Königin! Es war doch ein Mädchenfahrrad.

Den ganzen Tag putze und polierte ich, scheuerte den Rost vom Lenker und brachte zwei alte Pedale, die ich im Schuppen meines Vaters fand, an. Zwar passten die Gewinde nicht ganz, aber mit einem dazwischen geklemmten Lumpen ging es. Jetzt musste ich „nur noch" das Balancieren auf den zwei ganz schmalen Reifen lernen. Niemand half mir dabei. An dem Laternenpfahl vor unserem Haus, fand ich meinen einzigen Halt und eine ideale Startposition. Schnell verstand ich, dass ich die Pedale unablässig mit meinen etwas zu kurzen Beinen treten musste. Denn sobald ich damit aufhörte, dauerte es nur wenige Sekunden bis ich mitsamt Fahrrad ausgestreckt auf das Pflaster stürzte. Unzählige Male habe ich mich von der Laterne abgestoßen und hektisch die Pedale bewegt - im Stehen, sonst kam ich nicht dran. Alle motorischen Fähigkeiten in meinem noch jungen Gehirn brauchte ich, um dieses holländische Ritual zu beherrschen. Aber wie stolz war ich, als ich das gemeistert hatte. Es war unbedingt ein aufsehenerregender Anblick, mich zickzackend und balancierend zu sehen, als ich meine

ersten Runden um den Häuserblock drehte, den Lenker auf Nasenhöhe.
Erst viel später bekam ich von meinen Eltern ein anderes Fahrrad, nachdem von dem ersten nach etlichen halsbrecherischen Stürzen nicht mehr viel übrig war. Ich hatte vorsichtig durchblicken lassen, dass ich gerne wieder ein Mädchenfahrrad haben wollte, nachdem ich bemerkte hatte, dass mein Papa schon mehrere Male an einem kleinen Fahrradgeschäft vorbei gegangen war. Eines Morgens stand es im Hinterhof, als ich mit noch schläfrigen Augen im Schlafanzug das Wohnzimmer betrat, mein Vater mit stolzem Lachen daneben. Mit großer Mühe hatten meine Eltern sich angestrengt, mir ein besseres Fahrrad zu schenken. Eines mit dem ich wieder ein paar Jahre fahren konnte. Möglicherwiese haben sie dafür sparen müssen. Aber in dem Moment konnte ich kaum meine Tränen zurückhalten. Das Fahrrad hatte die verabscheute Stange eines Jungenrades zwischen Sattel und Lenker und war scheußlich türkisch blau angestrichen.
Ich traute mich nicht, mir meine Enttäuschung anmerken zu lassen und drehte mein Gesicht schnell weg, bevor meine Eltern meine nassen Wangen bemerkten. Aber heute denke ich, irgendwann müssen sie doch mal gemerkt haben, dass etwas nicht stimmte. Solche ungewöhnlichen Reaktionen oder Haltungen, die eigentlich nicht zu einem Jungen passten, sind ja häufiger vorgekommen.

26. Juli 2008

Es war kurz nach sieben, als ich aufwachte. Lara war noch in einem tiefen Schlaf. Meistens fand sie den Schlaf am bequemsten auf ihrer rechten Seite, ihr Gesicht von mir abgewandt. Wahrscheinlich war auch sie gespannt auf diesen Tag und hatte sich deswegen in der Nacht mehrere Male umgedreht, jedenfalls drehte sie mir ausnahmsweise ihr Gesicht zu. Ich betrachtete sie schon eine Weile. Ihre rechte Hand war tief unter dem Kissen vergraben, in ihrer Linken lag ihr friedliches, liebes Gesicht, das fast noch faltenfrei war und für ihr Alter jung aussah. Nur an ihren grauen Haaren konnte man sehen, dass für sie die Jahre auch langsam anfingen, zu zählen. Als ich vorsichtig meinen Finger auf ihre Nase drückte, öffnete sie ihre noch kleinen, schläfrigen Augen. „Hey, Geburtstagkind, wirst du wach?", fragte ich. Ein ganz kleines Lächeln erschien auf ihrem Gesicht. „Och, ich bin noch so müde. Muss ich jetzt schon raus?", fragte sie stöhnend. Wir beide waren eigentlich völlig gerädert durch die Aktivitäten an den Tagen und dem Abend zuvor. Bis tief in die Nacht waren wir mit vielen Dingen beschäftigt, um diesen Tag vorzubereiten. Laras fünfzigster Geburtstag sollte mit einer riesigen Party gefeiert werden. „Herzlichen Glückwunsch zu deinem Geburtstag mein Schatz." Während ich es sagte, gab ich ihr mehrere dicke Küsse auf ihre Wange. „Dein Bart piekst, aber trotzdem danke..."

Schon seit fünf Jahren wohnten wir in einem kleinen, alten Bauernhof in Deutschland. Nachdem die Häuserpreise in den Niederlanden allmählich in unvorstellbare Höhe gestiegen waren, hatten wir, wie viele andere Familien, die Gelegenheit genutzt, einen schönen Platz in unserem Nachbarland zu finden. „Die Plane hat gehalten heute Nacht!", rief ich ihr noch schnell hinterher, als sie unter die Dusche abzog. Die Plane gegen Regen, die ich am Tag zuvor im Garten aufgehängt hatte, war trotz des kräftigen Windes hängen geblieben. Wir beobachteten schon die ganze Woche sorgenvoll die Wettervorhersage, die gerade für diesen Tag nicht viel Gutes gemeldet hatte. Dabei erwarteten wir rund fünfzig Personen, die abends nach und nach eintrudelten. Die Stimmung war von Anfang an fabelhaft, die Leckereien vom Buffet und die zahlreichen Getränke trugen dazu bei. Regelmäßig schaute ich das Geburtstagskind an und sah an ihrem strahlenden Gesicht, dass mein lieber Schatz diesen Abend wahnsinnig genoss. Laras Geburtstagsparty war mehr als ein Erfolg. Gegen drei Uhr bedankten sich die ersten Gäste für einen wunderbaren Abend und zogen davon und diejenigen, die bei uns schlafen wollten, verschwanden in ihren Zelten, die im Garten aufgebaut waren. Ich selber drückte als letzter um vier Uhr die Schiebetür von der Veranda zu, aber nicht ins Schloss, um manch voller Blase die Gelegenheit zu geben, sich auf der Gästetoilette im Haus zu leeren. Alle waren jetzt in einem tiefen Schlaf. Außer mir…

Obwohl ich völlig erschöpft und todmüde von der Arbeit war, hatte ich mir einen angenehmen Platz in einen bequemen Sessel gesucht, um den Tag zu überdenken. In den letzten Stunden des Festes hatte ich versucht, ein ernsthaftes Gespräch mit meinem Bruder zu beginnen. Wir hatten komplett verschiedene Charaktere und der Kontakt zueinander war in den letzten Jahren sehr sporadisch gewesen. Der große Altersunterschied hatte uns entfremdet. Natürlich sprachen wir über früher. Über die fabelhafte Zeit, die ich bei ihm in seinem großen Restaurant erlebt hatte. Ich hatte während des Gespräches versucht, ihn auch wissen zu lassen, dass mein Leben gerade in dem Zeitraum ganz und gar nicht so verlaufen war, wie es sich gehörte. Manchmal guckte er mich verwirrt an und machte mir deutlich, das nie bemerkt zu haben. Und es wurde deutlich, dass er es auch jetzt noch nicht wissen wollte.

Ich hatte das Gefühl, für diese Nacht verantwortlich zu sein, und blieb wach in einem Ohrensessel sitzen, als ob ich über die Gäste wachen müsste, meinen Kopf zerbrechend über die vergangenen Jahre.
All die Jahre zusammen mit Lara und unseren Kindern. Mein absurder Selbstmordversuch und mein immer schlimmer werdendes, depressives Benehmen. Ich hatte noch keinen einzigen Schritt unternommen und hatte meinen Hausarzt noch immer nicht aufgesucht. Zwar hatte Lara vor sechs Jahren extra einen Termin mit ihm

gemacht, aber ich hatte mich nicht getraut, über meine transgender Gefühle mit ihm zu reden. Ich konnte es nicht und traute mich einfach immer noch nicht, mich zu offenbaren. Sechs Jahre seit diesem schrecklichen Tag und nichts hatte sich verbessert. Plötzlich wurde ich durch das Öffnen der Schiebetür aufgeschreckt. Mit kleinen Augen und einem noch schläfrigen Gesicht trat eine meiner jungen Nichten auf der Suche nach der Toilette hinein. Weil es noch zu früh war, um auf zu bleiben, strampelte sie kurz danach durch den feuchten Rasen zurück zu ihrem Zelt, darauf hoffend, dass ihr Schlafplatz noch angenehm warm war.

Es war kurz vor sieben am 27. Juli 2008.

Der Morgen flimmerte und glühte genauso wie am Tag zuvor, als meine Schwägerin Linda in ihrem mintgrünen Nachthemd herein kam. Ich erschrak. Ich hatte sie nicht bemerkt und fragte mich, ob ich vielleicht doch eingeschlafen war. Linda war die dritte Tochter aus der sechs Kinder zählenden Familie von Laras Seite. Verwundert schaute sie mich mit großen Augen an, als sie bemerkte, dass ich noch auf war. „Was machst du denn noch hier? Bist du noch gar nicht im Bett gewesen?", fragte sie entsetzt. „Nein. Ich kann nicht schlafen", antwortete ich ihr. „Ist etwas los?" - „Weswegen denkst du, dass irgendwie etwas los ist?" - „Also, ich habe dich gestern Abend ein paar Mal beobachtet und kann nicht mit Bestimmtheit sagen, dass du begeistert aussiehst. Als ob du Schmerzen hättest, oder krank bist." Mit einem tie-

fen Atemzug schaute ich sie mit meinen inzwischen übermüdeten Augen an. „Es geht mir gar nicht gut, Linda. Eigentlich muss ich sagen, dass es mir superschlecht geht." Sie sah, dass ich Mühe hatte meine Tränen zu bezwingen und fragte, ob ich ihr endlich erzählen wollte, was mit mir los war, auffällig unruhig von einem Bein aufs andere tretend. „Musst du auf die Toilette?" - „Ja, ganz nötig", antwortete sie schnell. „Na dann geh erst." - „Ja, aber ich komme schnell zurück, um zu hören was dich bedrückt." Wenig später nahm sie, einigermaßen neugierig und an ihrem Nachthemd zerrend, auf einem roten, plüschigen Hocker Platz, der an der Wand neben dem Kamin stand. „Und?", drängte sie. Ich schluckte, fing an zu schniefen und nicht viel später rollten mir Tränen herunter. Eine Weile waren wir beide still. Danach fragte sie zum zweiten Mal, was los war und warum ich weinte. Mit zitternden Stimme erzählte ich ihr, dass ich nicht mehr konnte. „Ich fühle mich schon seit Jahren tief unglücklich, kann mit niemandem darüber reden und werde immer depressiver. Fast jede Nacht leide ich an Schlaflosigkeit und tagsüber gelingt es mir kaum, mich zu konzentrieren." - „Ich versteh das nicht, Hans. Was willst du damit sagen? Ihr habt eine gute Ehe, zwei fabelhafte Kinder, ihr seid gesund und wohnt in einem schönen Haus. Wie ist es denn um Gottes willen möglich, dass du dich unglücklich fühlst?" Sie wischte mit ihrer Handfläche eine Träne von meiner Wange und zog ihr Nachthemd diesmal mit der anderen Hand nach unten.

Ich zögerte und wusste nicht ob es vernünftig war, es ihr zu erzählen, was ich schon so lange Zeit verborgen gehalten hatte. Ich hatte mir nie etwas anmerken lassen und sie würde es vielleicht gar nicht glauben. Schon viele Jahre kannte sie mich als einen Mann, wie sollte sie das verstehen? Wie sollte das überhaupt irgendjemand verstehen? Wieder war der Zweifel da. „Jetzt wäre der Moment", dachte ich. „Der Moment, in dem ich endlich die dicke Mauer um mein Herz in Stücke schlagen kann." Ich wusste, dass es nicht länger so weiter ging. Ich war am Ende, ich konnte nicht mehr. Ich musste mich offenbaren, um meinem Leben eine Wendung zu geben. Und Linda mochte ich aus der Familie meiner Frau ganz besonders gern. Wer, wenn nicht sie? Und wann, wenn nicht jetzt? Aber wie? Ich fing ganz langsam mit meinem Plädoyer an. „Ich fühle etwas in mir, etwas, das anders ist als bei normalen Männern." Sie erschrak. „Du meine Güte. Bist du etwa schwul?", fragte sie perplex und mit hochgezogenen Augenbrauen. „Nein, bestimmt nicht, Linda." Wieder schwieg ich. Ich wusste ja, dass es niemand verstehen konnte. Schließlich gab ich mir einen Ruck. „Ich weiß nicht, ob es klug von mir ist, aber ich muss es jemandem erzählen. Wenn ich es dir erzähle, kannst du mir dann bitte versprechen, noch mit absolut niemandem darüber zu reden, bis ich selber entschieden habe, es dem Rest der Familie zu sagen?" Linda nickte und versprach es mir. „Ich... ich bin wahrscheinlich im falschen Körper geboren." Es war raus, ich hat-

te es erzählt, zum ersten Mal in meinem Leben wusste es jemand außer Lara. „Ich fühle das schon seit meinem sechsten Lebensjahr und habe es außer Lara noch keiner anderen Person erzählt." Eine ganze Stunde hörte sie sich meine Geschichte reglos an. Sie konnte sich nicht vorstellen oder nachvollziehen, was ich ihr erzählte, glaubte mir aber, dass ich so fühlte und hatte Verständnis dafür, dass ich die Last nicht mehr länger tragen wollte. Ich erzählte ihr alles, auch dass der einzige Ausweg eigentlich war, dass ich eine Frau wurde – was auch mein größter Wunsch war. Als ich mit meiner Geschichte fertig war, schaute ich sie erleichtert an. Es fühlte sich an, als ob ein übergroßer Leidensdruck mit einer jahresdicken Lage Staub von mir herunter glitt. Endlich gab es eine zweite Person innerhalb der Familie, die über meine transgender Situation Bescheid wusste. Nach dreiundvierzig Jahren zeigte mein Kokon endlich kleine Risse. Er zerbrach ganz langsam, so wie ein alter Vulkan, der sich vor dem Ausbruch erst durch jahrhundertealte Lavaschichten kämpfen muss.

Die inzwischen aufgegangene Sonne brannte auf die Zelte, deren Bewohner noch in tiefem Schlaf versunken waren. Ein neuer Tag hatte begonnen. Lara war wahrscheinlich von unserem Reden wach geworden, kam die Treppe herunter und schaute uns fragend an. „Ich habe es Linda erzählt, Lara." Sie wusste sofort was ich meinte. Die ganze Woche hatte sie schon mein depressives

Benehmen bemerkt und an meinem Gemütszustand außergewöhnliche Belastungen abgelesen. „Sie hat mir versprochen, mit niemandem darüber zu reden", erklärte ich ihr einigermaßen beruhigend. Die beiden Schwestern schauten einander an. Ohne viele Worte wussten sie, dass es mir ernst war und ab jetzt die Zukunft nicht länger vorhersehbar war. Linda streichelte meiner inzwischen weinenden Frau über ihren Rücken. „Es ist nun einmal so. So etwas ist biologisch vorbestimmt und mit keiner Medizin zu bekämpfen. Ich weiß, dass es schrecklich für dich ist und ihr einer ganz schwierigen Zeit entgegen geht, aber ihr müsst trotzdem versuchen, damit fertig zu werden und zu leben." Lara nickte nur. Ohne etwas zu sagen wandte sie sich ab und lief die Treppe hinauf. Zurück in ihr Bett. Das letzte, was ich sah, war der zutiefst niedergeschlagene Blick einer trostlosen Frau, deren Zukunft plötzlich ins Schwanken geraten war.

Den restlichen Tag habe ich komplett zurückgezogen verbracht. Krank vom Elend. Einen vernünftigen Abschied von den über Nacht gebliebenen Angehörigen habe ich nach dem Frühstück nicht mehr hinbekommen. Was sie von meiner abweisenden Haltung dachten, war mir in dem Moment völlig egal. Die nächsten Tage waren chaotisch. Wir redeten unaufhörlich über das Geschehene und wurden uns schließlich einig, dass es keine andere Lösung mehr geben konnte, als endlich einen seriösen Termin bei meinem Hausarzt zu vereinbaren.

Der Schrank meiner Schwester

Im Alter von **sieben** Jahren

Unsere Familie war eine Durchschnittsfamilie.
Es gab einen Papa, eine Mama und zwei sittsame Kinder. Sogar einen Sohn und eine Tochter. Wenn man sie alle zusammen in ein Bild gesetzt hätte, mit einem Golden Retriever und mit „Weißer Riese" gewaschener perlweißer Wäsche, hätten sie einen der zahlreichen Werbespots im Fernsehen darstellen können.
Meine Eltern fielen inmitten der anderen Familien, die im Neubaugebiet des Dorfs wohnten, nicht auf. Sie kamen, wie viele andere, vom Land und wussten über die Gepflogenheiten unter Nachbarn Bescheid. Eigentlich stimmte alles in ihrer neuen Siedlung und sie lebten das Leben in perfekter Harmonie. Bis ich - nach einer Spanne von dreizehn Jahren - geboren wurde.

Unsere Wohnung besaß drei Schlafzimmer. Zwei für die Zeit ziemlich große und ein so kleines, dass mein ungeschickter Vater ein Bettgestell kürzen musste, damit es zwischen die zwei Wände des Zimmers passte. An gut einem Meter neunzig wurde so viel herumgesägt, dass da nur knapp eins siebzig übrigblieb. Mit viel Wirken und Schimpfen passte es genau in das kleinste Schlafzimmer. Das wurde mein Zimmer, nachdem mein Bruder schon sehr jung ausgezogen war.

Besonders viel habe ich während meiner Kindheit von meinem 16 Jahre älteren Bruder nicht gehabt. Er war viel unterwegs, wohl auch, weil die Stimmung zwischen ihm und meinen Eltern nicht besonders gut war. Er war eher ein entspannter Typ und meine Eltern meinten wohl, dass sie ihn mit Druck zur Arbeit bringen konnten. Es hieß immer, er könne schlecht hören und müsse erst „an den Ohren gezogen werden". Im entsprechenden Alter musste er seinen Wehrdienst bei der „Nederlandse krijgsmacht" ableisten. So kommt es, dass ich erst mit drei oder vier Jahren realisierte, dass ich überhaupt einen Bruder hatte. Ich erinnere mich dunkel daran, wie er in einer beeindruckenden Uniform, einen großen Armeesack über der Schulter tragend, ins Zimmer kam. Dabei hatte er, wenn man die wenigen Fotos aus der Zeit betrachtet, eher eine zarte Gestalt und trug seine Haare mit ganz viel Haarpomade in einem Rock´n Roll- Look.
Im Gegensatz dazu habe ich die Anwesenheit meiner Schwester viel intensiver erlebt, ungeachtet der dreizehn Jahre, die uns trennten. Sie war brünett, mit einem hübschen feingeschnittenen Gesicht und modischer, origineller Kleidung. Nachdem sie ihre Prüfung an der Hauswirtschaftsschule bestanden hatte, bekam sie ziemlich schnell in einem Nähatelier vor Ort eine Anstellung. Mit ihrem Fleiß hatte sie es innerhalb des Managements bald ziemlich weit gebracht. Während ihrer Jugend hatte sie vor allem ein schlaues Mund-

werk, sie war klug und enthusiastisch. Die Klugheit hatte sie von ihrem Vater. Die beschleunigten Wörter waren wohl eher eine Gabe ihrer weiblichen Gene. Ebenso wie mein Papa überdachte sie ihre Entscheidungen immer sehr weise und hielt so während ihrer Mädchenjahre die in der Gegend wohnenden Jungs in schicklicher Entfernung.

So wie mein Papa mich in einem zu hohen Alter als Sohn bekam, so legte er auch erst mit fünfzig Jahren seine Führerscheinprüfung ab und so gab es, als ich sechs Jahre alt war, erstmals für meine Eltern die Möglichkeit, ein kleines Auto zu kaufen. Für sie war es sicherlich ein großes Vergnügen. Endlich konnten sie ihr Moped stehen lassen, bis dahin das einzige Fahrzeug, mit dem sie längere Strecken zurücklegen konnten. Bei ungemütlichem Wetter und immer mit einer unerträglich dicken Lederjacke fuhren wir manchmal auf dem brummenden Ding mehr als hundert Kilometer bis zu meinem Onkel, ich fast unsichtbar zwischen ihnen, auf einem viel zu kurzen Sattel. Die Anschaffung des Autos führte dazu, dass sie nun häufiger abends zu einem Besuch bei Verwandten aufbrachen. An den ersten dieser Abende erinnere ich mich besonders gut. Kurz nach dem Abendbrot wurde mir erzählt, dass ich früher ins Bett musste als üblich, dabei war es Frühjahr und noch gar nicht spät. Warum wurde mir nicht mitgeteilt. Außer dem stetigen Plaudern meiner Schwester wurde zu Hause nie viel geredet. Und wenn da etwas gesagt wurde, war es oft in so einem Tempo, dass man gut zuhören musste, um es zu verstehen. Aber vielleicht lag das auch an meiner häufigen gedanklichen Abwesenheit. Eigentlich gab dieser wunderbare Frühlingsabend, einer der ersten warmen Abende, noch eine gute Möglichkeit her, mich draußen aufzuhalten und meine letzte Energie bei einem Spielchen mit den Mädels zu verbrauchen. Selbst als Kind hatte ich schon gemerkt, dass ich dann einfach besser schlief und das Gedankenkarussell in meinem Kopf sich nicht so schnell drehte. Ich murrte, konnte aber an dem hektischen Verhalten meiner Mutter merken, dass die beiden sich etwas vorgenommen hatten und es zwecklos war, mich dem zu widersetzen. Also stampfte ich widerwillig nach oben. Mein Schlafzimmerfenster war auf der Westseite unseres Hauses und gab reichlich Aussicht auf die Mädchen, die die schmale Klinkerstraße ganz in Betrieb genommen hatten. An diesem Abend sprangen sie diagonal unter einem klatschenden Seil hin und her. Ein Stück weiter sah ich einen Jungen, der auf das Dach des Fahrradabstellplatzes der Realschule kletterte. Die weißen Holzpfosten unter dem Dach fungierten für die fußballspielenden Jungs als Torpfosten. Regemäßig kam es vor, dass ein Ball übers Dach verschwand oder obenauf landete. Eva, meine Freundin, entdeckte mich am Fenster, als sie unter dem sausenden Seil weg sprang. Sie winkte mir zu, als ob sie mich ermuntern wollte, nach draußen zu kommen und mitzuspielen. Ich schüttelte verneinend den Kopf und genierte mich, dass ich bereits einen Schlafanzug trug und so früh ins Bett geschickt worden war. Links vom Haus lag unser Garten. Über die Ligusterhecke sah ich die orange, neblige Glut der untergehenden Sonne, die ankündigte, dass am nächsten Tag erneut schönes Wetter in Aussicht war.

Auch heute noch, wenn ich eine Schwarzdrossel in der Abenddämmerung singen höre, kommen in mir Erinnerungen an den schwarzen Singvogel hoch, der auf dem First vom Dach sein letztes Abendlied schallte, an diesem Abend, an dem ich früh ins Bett musste. Mit einem kräftigen Ruck zog ich den geblümten Vorhang zu und schlenderte barfuß übers Linoleum zu meinem verkürzten Bett. Es war noch so warm in meinem Zimmer, dass ich Laken und karierte Decke am Fußende liegen ließ. Mein Kissen schüttelte ich nochmal auf, bevor ich mich auf die Matratze fallen ließ und meinen Kopf behaglich hinein nistete.

Nicht viel später fing das ärgerliche Denken wieder an, kamen die komischen Gefühle wieder hoch und ich fing an, mich in meinem Bett hin und her zu werfen. In letzter Zeit beschlichen mich immer öfter fremde Begierden. Ein Verlangen, von dem ich mich nicht befreien konnte, das mir komplett fremd war und von dem ich vermutete, dass es gar nicht zu einem „normalen“ Jungen gehörte. Manchmal krochen diese Begierden so tief in meine Gedanken, dass ich versuchte, mich dagegen zu wehren. Immer öfter merkte ich, dass ich ein deutliches Verlangen nach dem Wesen des anderen Geschlechtes hatte. Nach allen Dingen, die Mädchen ausmachen. Immer öfter schaute ich neidisch auf die Veränderungen der jugendlichen Körper meiner Freundinnen. Zusammen mit ihrer zarten Haut entwickelten sich bei ihnen runde weibliche Formen und sogar, bei den etwas älteren, kleine Brüste. Nicht nur die Änderungen waren es die mich neugierig machten, sondern auch die langen tanzenden Haare und ihre bunten Mädchenkleider. Nichts konnte mich abhalten, diese immer wieder anzusehen. Und dann jagte das irrationale Verlangen durch meinen Körper. Es war ein merkwürdiges Verlangen, dessen Bedeutung ich nicht kannte. Und so entstand bei mir ein quälender Wirrwarr im Kopf. Nicht nur tagsüber, sondern auch abends und vor allem nachts, wenn ich versuchte einzuschlafen oder von einem Alptraum erwachte. Zu Bett gehen wurde langsam ein großes Problem. Meine seltsamen Begierden verunsicherten mich immer mehr und ich begann zu vermuten, dass etwas Schlimmes mit mir los war. Ständig befürchtete ich, verrückt zu sein und glaubte, dass wirklich etwas Ungewöhnliches, „Falsches“ in mir hoch kam. Etwas, das mich im Griff hatte und worauf ich keinen Zugriff bekommen konnte. Ich war doch ein Junge! Wenn ich besonders verunsichert war, meinte ich, blöde Jungenstreiche aushecken zu müssen, um mich in meiner Jungenrolle zu beweisen. Ja ich habe damals tatsächlich dämliche, zwecklose Dinge gemacht. Viele Bäume waren für mich nicht hoch genug. Manchmal kletterte ich so hoch hinein, dass die Äste mein Gewicht kaum noch tragen konnten und ich abzustürzen drohte. Das Schulgebäude mit der angrenzenden Gymnastikhalle bestieg ich per Blitzableiter oder Abflussrohr. Ich habe mich sogar mehrere Male anfeuern lassen, wie ein Verrückter davon herunter zu springen. Nur um mir zu beweisen, dass ich doch ein Junge war, ein Anführer, einer der Besten, der Schnellste... und wenn es darauf ankam, auch der Stärkste.

Ich wollte das eigentlich gar nicht. Tief im Inneren fühlte es sich anders an, als ob etwas mein Jungengehirn blockierte. Ein tiefes, fremdes Verlangen quälte mich und ich hatte nicht den Mut, damit zu meinen Eltern zu gehen. Und die Beziehung, die ich zu meiner Schwester hatte, war nicht so eng, um sie damit zu belästigen. Ich schämte mich. Meine Erziehung förderte, der Zeit entsprechend, weder Offenheit noch Selbstbewusstsein. Ich bin in den sechziger Jahren aufgewachsen. Einen Fernseher besaßen wir nicht und für ein Zeitschriftenabonnement, das meinen Horizont hätte weiten können, war kein Geld da. Nicht einmal die Lokalzeitung erschien täglich und berich-

tete auch nur die aktuellen Sachen vom Ort und enthielt keine Information über meine fremden Gedanken.
Ich blieb im Ungewissen.
Wonach sollte ich denn überhaupt suchen?

Ich schaute noch mal kurz aus meinem Fenster, unter dem das Geknatter und der Gestank unseres Autos längst abgezogen waren. Die Straße war inzwischen leer. Auch die spielenden Kinder hatten dem Tag ein Ende gemacht und ihren Weg nach Haus gefunden. Eine der Nachbarinnen ging noch mit ihrem alten Schäferhund aus. Meistens lag ich auf meiner linken Seite, um schnell einzuschlafen, mein rechtes Bein hoch eingezogen und meine rechte Hand in die rechte Kniekehle geklemmt, die linke Hand unter das Kopfkissen gesteckt. An diesem Abend gelang es mir einfach nicht, meinen Schlaf zu finden. Ich war unruhig und drehte mich immer wieder zurück auf meinen Rücken. Das unbehagliche, aber gleichzeitig wollüstige Gefühl spukte durch meinem Geist. Das fremde Verlangen, ein Mädchen zu sein, wuchs mehr und mehr. Es machte mich heftig neugierig, wie es sich wohl anfühlen würde, in eine derartige Rolle zu schlüpfen. Alleine das Berühren von Mädchenklamotten gab mir keine Befriedigung mehr. Ich wollte mehr. Wollte selbst entdecken wie es sich anfühlte, wenn ich mich wie ein Mädchen kleidete.

Meine Eltern waren aus und meine Schwester, die auf mich aufpassen sollte, saß unten im Wohnzimmer. Es war ganz still im Haus. In den letzten Monaten hatte ich des Öfteren daran gedacht, mal in ihrem Schrank zu schnüffeln. Ich musste nur einen passenden Moment dafür wählen und wie es aussah, war der richtige nun gekommen. Die Zeit verstrich. Das unruhige Herumwerfen nahm langsam zu. Ich fühlte mich immer nervöser werden und das Verlangen steigerte sich und drängte mich dazu, endlich etwas zu erforschen. Vorsichtig analysierte ich die Situation noch einmal. Meine Eltern waren weg, ich alleine oben und meine Schwester alleine unten im Wohnzimmer. Durch meine Neugierde und vorherige Kontrolle wusste ich, dass sie ihren Kleiderschrank nie verschloss. Der Analyse Endergebnis war: Es konnte mir nichts passieren.

Aus meinem Bett zu schleichen war schon ein schwieriges Manöver. Nachdem mein Vater es verkürzt hatte, wurden die Bretter mit Nägeln wieder zusammen gebastelt und es fing bei fast jeder Umdrehung an zu quietschen. Diesmal musste ich ganz vorsichtig rausklettern, in der Hoffnung, dass meine Schwester mich nicht hören würde. Und wenn, würde sie vielleicht denken, dass ich mich in meinem Bett umdrehte. Leise setzte ich meine Füße aufs inzwischen abgekühlte Linoleum und öffnete die mintgrüne Schlafzimmertür nur einen kleinen Spalt, da ich wusste, dass auch sie quietschen würde, wenn ich sie weiter öffnete. Ich lief zögernd über den Flur, direkt zu dem offen stehenden Schlafzimmer meiner Schwester. Hier stand direkt neben der Tür ein eingebauter Schrank, in dem ich schon einmal heimlich herumgeschnüffelt hatte. Daher wusste ich genau, wo die Kleidung lag, die meinem Körper das gewünschte mädchenhafte Aussehen geben würde. Auf meinen Zehen stehend konnten meine Hände gerade so weit reichen, dass es mir gelang, die gewünschten Sachen zu nehmen. Zum Glück, denn auf dem einzigen Stuhl des Zimmers, der neben dem Frisierspiegel stand, türmten sich diverse Klamotten. Auch hätte das Rumschieben des Stuhls viel zu viel Krach gemacht. Meine Nerven flatterten immer heftiger und meinen Herzschlag fühlte ich in der Kehle. Ich bemerkte, dass ich vor Spannung kleine Schweißtropfen auf meiner Stirn hatte, nur weil ich Angst hatte mit ihrer Kleidung in meinen Händen erwischt zu werden. Wie hätte ich das erklären sollen? So schnell, wie ich in das Zimmer meiner Schwester herein gegangen war, fand ich den Weg in mein Schlafzimmer zurück, die ausgewählte Mädchenkleidung unter meinem Arm. Kurz hielt ich oben an der Treppe an und lauschte, ob meine Schwester unten im Wohnzimmer etwas vernommen hatte. Aber alles war ruhig. Wahrscheinlich las sie gerade ein Buch oder beschäftigte sich konzentriert mit einem der Schnittmuster, die sie ab und zu von der Arbeit mit nach

Hause nahm. Mit zittrigen Händen zog ich meinen grässlichen Pyjama und meine noch ekligere Jungenunterhose aus und fing ebenso zittrig zum ersten Mal in meinem Leben an, meinen Jungenkörper mit der anderen Unterwäsche zu verhüllen. Erst zog ich ein schwarzes Unterhöschen an. Es war mit Spitze und seidenweich. Als ich es an meinen Beinen entlang hochzog, fühlte es sich schon wahnsinnig angenehm an. Danach nahm ich den Spitzen-BH, dessen Körbchen man kaum Körbchen nennen konnte, weil meine liebe Schwester nun einmal nicht überall mit Vorteilen gesegnet war. Ganz langsam und noch immer unheimlich nervös stieg ich mit meinen Füssen in den Petticoat und zog ihn über meine Hüfte bis zur Taille hoch. Alle drei Sachen waren schwarz und passten genau zusammen. Ich war wirklich begeistert. Schon das Anziehen der Sachen war so ein genussvolles Erlebnis und das Berühren der zarten Stoffe brachte mich in eine wahre Verzückung. Einen Augenblick lang musste ich meine erste Mädchenerfahrung einordnen. Meine erste Empfindung in Mädchenkleidern, von denen ich mir in dem Moment gar nicht bewusst war, dass sie meiner Schwester gehörten. Trotz meiner aufgeheizten Spannung bekam ich Gänsehaut auf meinen Armen und mein Körper fing an, zu beben. Die Oberschicht des Petticoats und die hautenge Spitzenunterwäsche steigerten mein Entzücken in eine für mich unbekannte Höhe. Einige Minuten blieb ich bewegungslos stehen und bewunderte den weiten Petticoat. Meine Gedanken schwärmten und ich konnte es kaum lassen meine Hände dauernd über den feinen Stoff gleiten zu lassen. Dann nahm ich den roten, glockenförmigen Rock und ließ ihn meine Arme entlang und über meinen Kopf herunter gleiten, bis er an meiner Taille hängen blieb. Wie ich vermutet hatte, passte er genau um die Taille, war aber natürlich zu lang. Das nahm ich in Kauf, sowie ich auch meine flaumigen Beine in Kauf nahm. Und wenn ich auf Zehen stand, sah es gar nicht so schlecht aus. Von einem der Kleiderbügel hatte ich eine weiße Bluse gegriffen, deren kurzen Ärmel auch mit Spitze besetzt waren. Das seitenverkehrte Schließen der vielen kleineren Knöpfe war für mich etwas schwierig, aber nach ein paar Versuchen und etwas Fummeln gelang es mir.

Zum ersten Mal in meinem Leben waren meine komischen, verlangenden Gedanken und Gefühle endlich Wirklichkeit geworden. Ich hatte mich in meinem siebten Lebensjahr in ein Mädchen verwandelt. Es war ein wirklich wunderschönes und unvergessliches Erlebnis und es fühlte sich wie eine Befreiung an. Wie eine Entladung meiner Gedanken. Durch diese Verwandlung wusste ich plötzlich, wo meine Vorliebe lag und dass ich mich in Mädchenkleidern sehr viel angenehmer fühlte. Ich wollte kein Junge sein und verabscheute nicht nur meinen Jungenkörper, sondern auch die Kleidung, die ich als Junge tragen musste. Durch das Flanieren in der Kleidung meiner Schwester fühlte ich mich schon ganz anders und behaglicher an. Es war so unglaublich angenehm. Als ob man sich mit einem durchgefrorenen Körper langsam in eine herrliche, warme Badewanne hinein gleiten ließ.

Doch leider schlummerte all das für einen Moment verstummte Bohren und Denken in meinem Kopf nicht lange. Ich begann, mich zu fragen, ob es da noch mehr Jungen gab, die genau so dachten, wie ich. Und wenn das nicht der Fall war? Vielleicht war ich schlimm geisteskrank, wenn ich Mädchenkleider anzog. War ich ein Junge, über den sich ein Arzt erst mal richtig den Kopf zerbrechen musste? War meine Diagnose vielleicht „Idiot"? Ein Idiot, der in eine weit abgelegene Irrenanstalt aufgenommen werden musste und schreckliche Therapien durchmachen musste, nur um die blöden Gedanken zu vertreiben? Auch waren da Gedanken, dass unser lieber Gott mich vielleicht so sehen konnte. In meiner christlich-reformierten Erziehung war mir immer eingebläut worden, dass der gute Mann alles sah. Schaute er sich jetzt auch meine Verkleidung ablehnend und kopfschüttelnd an? Oder vielleicht war es für ihn zum Totlachen und er informierte nun jede Seele im Himmel über meine witzige Verkleidung. Ich wehrte meine fürchterlichen Gedanken ab. Meine Hände glitten an der Bluse und dem langen Rock entlang und wieder war da ein kaltes Zittern. Wieder über meine ganze Haut, aber jetzt so heftig, dass ich Mühe hatte, auf meinen Beinen stehen zu bleiben. Geschmeidig wiegte ich mich hin und her und schaute dem Petticoat zu, der durch das Herumdrehen in meinem kleinen Schlafzimmer weit auseinander wirbelte. Ich wischte zwei Tränen von meinen Wangen, gerade noch, bevor sie auf die weiße Bluse fielen. Aber diesmal waren es Freudentränen, die ich nicht länger bezwingen konnte. Neugierig wollte ich mich noch besser sehen können und dachte gierig nach, welche Möglichkeiten es dafür gab. Ich musste entweder zurück in das Zimmer meiner Schwester, wo der Friseurspiegel stand, oder in das Schlafzimmer meiner Eltern, wo ein großer Spiegel an die Innenseite der Schranktür geklebt war. Ich wählte die erste Möglichkeit. Meine Schlafzimmertür hatte ich extra einen Spalt aufstehen lassen, damit ich meine Schwester hören konnte, wenn sie die Holztreppe hochkam. Nervös zog ich sie etwas weiter auf, wieder gerade so weit, dass sie nicht quietschte. Auf Zehen schlich ich über den Flur und zum Zimmer meiner Schwester. Jeder Schritt brachte mich durch den raschelnden Stoff in Ektase. Ich fühlte mich so unendlich viel glücklicher in dieser Kleidung. Aufgeschreckt hielt ich inne. Ich hörte etwas. Da war Gepolter unten im Wohnzimmer. Auf einmal wurde dessen Tür geöffnet. Meine Schwester! Sie hatte etwas

vom Hin- und Hergehen und vom Herumdrehen in meinem Schlafzimmer mitbekommen. Ich war zu unvorsichtig gewesen. Meine Begeisterung hatte mich verraten. Gleich kommt sie die Treppe hoch und sieht mich in ihren Kleidern stehen. In voller Mädchentracht. Ich war so erschrocken, dass ich kaum noch atmen konnte. Das Knarren der kleinen Tür zum Keller erlöste mich. Gott sei Dank, sie wollte sich nur etwas zum Trinken holen. Trotzdem wartete ich ab, mit dem Rücken gegen die Badezimmertür gelehnt und ängstlich auf die oberste Treppenstufe lauernd. Was sollte ich um Gottes willen tun, wenn sie plötzlich die Treppe hoch kam? Ich hatte noch gar nicht darüber nachgedacht. Mich so schnell zu Entkleiden war schier unmöglich. Und mich im Badezimmer einzusperren, war auf Dauer auch keine Option. Das Einzige, was ich tun konnte, war verdammt schnell in mein eigenes Zimmer zurückzukehren und mich rasch unter meiner Decke zu verstecken und abzuwarten, was dann geschehen würde.
Das Geräusch von zwei aneinander klingenden Flaschen auf dem Kellerregal, den Schritten auf der Treppe und dem Schließen der Keller- und Wohnzimmertür bestätigten meine Vermutung, dass es nur um etwas zu trinken gegangen war. Ganz langsam löste meine Spannung wieder. Sie hatte nichts bemerkt! Alles war wieder wie zuvor. Das Einzige, was ich hörte, war das begeisternde Rascheln vom Rock und dem Tüll

des Petticoats. Seidenweiche Unterröcke, die bei jedem Schritt zart an meinen Beinen entlang rieben. Ich war nicht mehr weit von dem Frisierspiegel entfernt. Nur noch ein paar Schritte bis zu einem wahnsinnigen Schauspiel. Ich wusste gar nicht, wo ich zuerst hingucken sollte. Bestimmt eine halbe Stunde sah ich mich von jeder Seite an und drehte wie eine Balletttänzerin meine Pirouetten, wodurch der Rock noch bombastischer aussah. Wieder durchfluteten beim Ansehen meines Spiegelbildes angenehme Erschütterungen meinen Körper. Aber gleichzeitig entstand wieder dieser Wirbel in meinem Kopf. Eine Verwirrung der Gedanken, von Vermutungen, dass mein Knabenkörper nicht im Einklang mit meinem wirklichen ‚Ich' war.
Mit noch glühenden Wangen zog ich die geliebten Kleider aus und meine eigene, unangenehme Jungenunterhose wieder an. Ich hatte meine erste Verwandlung richtig genossen! Als ich wieder zurück in mein Bett stieg und die Decke bis zu meinem Kinn hochzog, nahm ich mir vor, dass es nicht das letzte Mal gewesen sein würde.
Von nun an, sobald sich die Gelegenheit bot, wiederholte sich das Ritual. Von Mal zu Mal wurde ich ein größerer Experte, wenn es darum ging, die Kleider so wieder in den Schrank zurückzulegen, dass niemand etwas bemerkte. Aber jedes Mal, wenn ich sie wieder auszog, fühlte ich eine innere Betrübnis und gleich-

zeitig spürte ich eine Wut. Wut, mich wieder kleiden zu müssen wie ein Junge und darüber, dass mir der Mut fehlte, mich zu äußern. Das Einzige was ich gerne wollte, war mein verkleidetes Spiegelbild zu sein. Ein Wunsch, der mein inneres Gleichgewicht zerstörte und meine Entwicklung während der wichtigsten Zeit meines Lebens ernsthaft einschränkte: in meinem Elternhaus, in dem ich mich eigentlich hätte geborgen, sicher und frei fühlen müssen, und auch in der Schule, in der miserable Ergebnisse von meiner Beschäftigung mit vollkommen anderen Gedanken und Inhalten kündeten.

Meine Kinderjahre, eine Zeit, die ich als glücklich hätte erfahren sollen, entwickelten sich zu Jahren der Verwirrung und Unsicherheit. Nach meinem achten Geburtstag wurde es nur noch schlimmer, vor allem, nachdem meine Schwester verkündete, dass sie bald ausziehen würde.

Hauswirtschaftsschule

Im Alter von **neun** Jahren

Ich musste weiter mit meinem Problem und der trockenen und langweiligen Situation zu Hause leben. Mein Papa hat damals seine rechte Hand in eine Brotteigmaschine eingeklemmt und verlor vier Finger. Trotz seiner Behinderung hielt er es noch eine ganze Weile auf seiner Arbeit aus, bis er ohne jede Vorwarnung einen Herzinfarkt bekam und die Arbeit nicht mehr ausführen durfte. Richtig gesund hat mein Papa nie gelebt. Er rauchte am Tag sicherlich eine Schachtel Zigaretten und abends, bevor er ins Bett ging, waren ihm ein paar kleine Schlafschnäpschen sehr genehm.

Ich erinnere mich genau. An dem Tag seines Infarkts war ich in der dritten Klasse und saß gerade im Klassenraum. Völlig erstaunt und mit großen Augen saß ich in meiner Schulbank, als mein Bruder plötzlich herein kam. Er flüsterte meiner Lehrerin etwas zu, die mich später zu sich rief. „Du darfst mit deinem Bruder mitgehen, Hans“, verkündete sie und wünschte meinem Bruder viel Stärke. Ich begriff nichts und hatte nicht die geringste Vermutung, weswegen ich mitgenommen wurde. Irgendwie hatte es etwas Geheimnisvolles und machte mich stolz, dass ich einfach mitten während des Unterrichts den Raum verlassen durfte. Alle Kinder fragten sich bestimmt, was los war.

Meine Schulergebnisse waren nicht so geeignet, um sie an die große Glocke zu hängen. Es war immer ein Hin und Her. Von Zeit zu Zeit musste ich notgedrungen meine schlechten Noten ausgleichen, damit ich am Ende des Schuljahrs mit knapper Not versetzt werden konnte. Schon damals begann ich meist fast zu spät mit Maßnahmen, die mich gerade noch vom Untergehen abhielten. Dass ich es trotzdem immer schaffte, zeigt, dass ich wohl lernen konnte, aber auch, dass es für mich in dem Zeitraum komplett irrelevant war. Mein Papa war es, der immer zu den Schulbesprechungen ging. Worüber die genau redeten, wurde mir nie erzählt. Wohl drängte er mich am nächsten Tag, dass ich besser achtgeben müsse, wenn meine Lehrerin etwas erklärte. „Was du jetzt lernst, ist dir später enorm viel wert", prägte er mir dann immer ein. „Jedes Mal, wenn ich eine Unterhaltung mit deiner Lehrerin habe, höre ich das Gleiche über dich. Gemäß ihren Aussagen kannst du es wohl, aber du willst es nicht", nörgelte er eher besorgt als böse. Ich hörte wohl, was mein Papa sagte, und es drang auch einigermaßen bei mir durch. Sobald ich aber am nächsten Morgen wieder in meiner Schulbank saß, zeigte ich das gleiche, abwesende Benehmen und meine Lehrerin gab es nach und nach auf, mich zu ermahnen. Immer wieder waren meine Gedanken da, wo sie in dem Moment nicht sein durften. Manchmal war ich so weit abgeschweift, dass meine Lehrerin mich frag-

te, weswegen ich in meiner Schulbank breit grinste. Vielleicht waren meine Gedanken dann bei der letzten Anprobe der wunderbaren Kleider meiner Schwester. Meistens starrte ich aber wohl nur gedankenlos über den Schulhof, Ausschau halten nach... ja, nach was denn eigentlich? Unklare Hoffnungen, die mit meinen unklaren Sehnsüchten zusammenhingen.
Am Ende des dritten Schuljahres war es mir nach einem kräftigen Endspurt wieder gelungen, einen Platz in der vierten Klasse zu ergattern, wo es auf einmal richtig ernst wurde. Zum ersten Mal wurde ich durch einen Lehrer unterrichtet, also gab es zum ersten Mal einen Mann im Klassenraum. Er war ein richtig taffer Kerl mit einem mittellangen Bart und einer beginnenden Kahlköpfigkeit. Wenn er sprach, wogen seine Barthaare auf und nieder. Es war gar nicht so, dass er streng war. Überhaupt nicht. Er war ein ruhiger, manchmal witziger Mann mit einem freundlichen Gesicht. Einer, der es ganz gut mit uns meinte. Aber die Struktur, die er anwendete, war für mich völlig fremd. Seiner Meinung nach mussten Mädchen und Jungs getrennt voneinander im Klassenraum sitzen, etwas, was ich nicht gewohnt war und eigentlich überhaupt nicht wollte, aber mich dagegen zu widersetzen hatte keinen Zweck. Ich hatte keine Wahl. Fortan musste ich das erste Mal seit der Einschulung meinen Platz zwischen den Jungs suchen. Auf einmal gab es keine Plauderei und Fröhlichkeit mehr um mich herum und das

Flechten der Haare der vor mir sitzenden Mädchen war auch vorbei. Und ich traute mich nicht, mein Unglück zu zeigen. Einige Jungen hatten ein Benehmen wie ein Gockel, vor allem wenn sie zusammen waren. Richtige kleine Machos oder in meinen Worten: „Blöde Jungs". Das vierte Jahr auf der Grundschule ging zum Glück ruck zuck vorbei. Wir lernten Brüche und große Teile der Erde kennen. Und der bärtige Lehrer konnte darüber fabelhafte Geschichten erzählen. Immer öfter bereitete er uns auf einen Test vor, der für das nächste Schuljahr wichtig war. Für mich klangen alle Hinweise auf diesen ominösen Test sehr geheimnisvoll und ich verstand nicht, was er damit meinte. Mit ernstem Blick betonte er immer wieder, die überragende Bedeutung dieses Tests. Die Fortsetzung unserer Schullaufbahn sollte davon abhängen. Je weiter das Schuljahr fortschritt, desto schwieriger wurden die Aufgaben und desto größer auch die Unruhe im Klassenraum.

Es war ein Mittwoch. Wir hatten einen lehrreichen Film gesehen und hofften, dass wir danach nach Hause gehen durften. Aber nein. „Kinder", rief der Bartmann, „ich möchte gerne eine Umfrage starten." Nachdem er den Projektor wieder in den Karton gepackt hatte, nahm er behaglich seinen Platz auf der Ecke des Lehrerpultes ein. Er schob einen Stuhl näher und stellte die Füße darauf. In seinem Schoß lag ein Ordner, zuoberst eine leere Seite. Er wiederholte

noch einmal, was er uns schon häufiger gesagt hatte, dass die Jahre nach der Grundschule sehr wichtig für uns sein würden. Unsere Zukunft würde von der Fortsetzung unserer Schullaufbahn bestimmt werden. Sein Gesicht sah aus, als ob er es ziemlich ernst meinte. Mit dem Aufschreiben des ersten Namens eines Schülers und mit der Frage, die er stellte, wurde mir deutlich, dass er gerne wissen wollte, ob wir schon darüber nachgedacht hatten, auf welche nächstfolgende Schule wir gehen wollten. Einem nach dem anderen stellte er in alphabetischer Reihenfolge die gleiche Frage und jedes Mal, wenn einer eine klare Antwort hatte, notierte er es fleißig alles in seinem Ordner.
Bis er meinen Namen nannte.
„Hans?“, fragte der Lehrer. „Ja, Meester!“ - „Wenn du diese Schule beendest, zu welcher Schule möchtest du dann am liebsten gehen?“ Mittlerweile hatte ich lange genug darüber nachdenken können, aber trotzdem zögerte ich. Ich traute mich nicht, dem Lehrer ehrlich zu antworten. Mein Selbstvertrauen ließ mich wieder im Stich, weil ich wusste, dass sich die Antwort fremd anhören würde. Ängstlich blieb ich so lange still, bis der Lehrer seine Frage wiederholte. „Hans? Hast du mich gehört? Zu welcher Schule willst du gehen?“ - „Ich eh, ich möchte am liebsten zur Hauswirtschaftsschule, Meester“, murmelte ich nervös, mein Gesicht zur Tischplatte gewendet. Viele Male war ich schon an der Hauswirtschaftsschule, die

in unserer Gegend war, vorbei gegangen. Durch die großen Fenster der Schule konnte man sehen, wie die Mädchen kochten, bügelten und hinter einer Nähmaschine saßen, aber vor allem fiel mir auf, dass dort nur Mädchen waren. Jedes Mal war ich voller Begeisterung und hatte irgendwie das Gefühl, dass diese Schule zu meinen heimlichen Umkleidungen passte. Mit einem Mal wurde es so still im Raum, dass man eine Stecknadel fallen hören konnte. Aus meinen Augenwinkeln bemerkte ich, dass die Schüler einander erstaunt anschauten. Die Gruppe der Machos fing laut zu lachen an. Ein paar Mädchen, mit denen ich ständig Kontakt hatte, blieben still. Ich bekam ein Lächeln von ihnen, als ob sie meine Antwort erwartet und verstanden hatten. Irgendwie war ich stolz, dass ich ehrlich geantwortet hatte, aber da die meisten mich nur auslachten, blieb mein langsam rot werdendes Gesicht nach unten gerichtet. Der Lehrer blieb ruhig, notierte aber nichts über mich in seinem Ordner, der mittlerweile schon fast voll mit Information war. Offensichtlich nahm er mich nicht ernst und machte sich nicht die Mühe, meine Antwort aufzuschreiben. Noch einmal schaute er mich mit einem fragenden Blick an, bevor er seine Frage an den nächsten in der alphabetischen Reihenfolge richtete.

Jeden Mittwoch, so während der Mittagszeit und nach einem Besuch des Wochenmarktes in unserem Dorf, kamen die fünf Schwestern meiner Mutter zum Kaffeetrinken. Tanten mit feiner Dauerwelle. Eine von ihnen, die sich fast jede Woche ein neues Kleid anschaffte, zeigte ihre neueste Errungenschaft den leicht neidischen Schwestern und man wusste schon, dass sie es eine Woche später mit einem schmalen Gürtel, der sich stramm zwischen ihrem Bauch voll Wohlstand und spitzen Brüsten spannte, tragen würde. Wenn ich aus der Schule nach Hause kam, grüßte ich beim Hereinkommen extra laut, um die gackernde Gruppe zu übertönen, aber meistens reagierte keine von ihnen. Aber an diesem Mittwoch bemerkte mich die Tante, die mir die liebste war, rief mich zu sich und wunderte sich, wie groß ich schon wieder geworden war. Da hörte auch der Rest mit dem Quatschen auf und schaute mich ohne großes Interesse an. „Du, Hans, erzähl mal. Zu welcher Schule willst du eigentlich nach der Grundschule?", fragte sie. Perplex stand ich mit offenem Mund da. Sie hatte mir wahrhaftig die gleiche Frage gestellt, wie mein Lehrer kaum eine Stunde früher. „Ich gehe zur Hauswirtschaftsschule", antwortete ich diesmal schon viel selbstbewusster. Der größte Teil meiner Tanten gackerten schon wieder durcheinander und war offensichtlich mit sich selbst beschäftigt. Sie zeigten keine einzige Reaktion auf meine Antwort und meine stolze Haltung, die ich an den Tag legte. „Die Haushaltschule?", rief die Tante laut erstaunt. Da wurde es doch einen Moment still im

Wohnzimmer. Alle schauten sich gegenseitig an. Ihren Blicken nach hatten sie so etwas nicht erwartet. Und gut fanden sie es auch nicht. „Ja, ich möchte sehr gerne zur Haushaltschule", antwortete ich noch einmal. „Das ist doch nicht so etwas Besonderes?" - „Aber das ist doch was für Mädchen, Hans", sagte meine Mutter, die sich mit einer Kanne frischem Kaffee in der einen und einer Platte belegter Schnittchen in der andere Hand dazu gesellt hatte. „Das geht doch gar nicht", sagte sie. „Du bist ein Junge und der gehört nicht in so eine Schule." - „O nein? Und warum denn nicht?", fragte ich, noch immer mit einer stolzen Haltung. Ich war mir einfach sicher, dass ich das wollte. „Das geht wohl! Dorthin können ebenso gut Jungs wie Mädchen. Übrigens wollen mehrere Mädchen aus meiner Klasse dahin und mit denen verstehe ich mich gut. Ich möchte das Gleiche lernen wie sie." Mit großen Augen schauten sich die korpulenten Damen an. Die haben mich an dem Tag fast für verrückt erklärt und die fragenden Blicke auf ihren Gesichtern werde ich nie vergessen. Rasch grapschte ich zwei belegte Scheiben Brot von der Platte und machte mich auf den Weg nach draußen. Gerade bevor ich die Hintertür öffnen wollte, spürte ich die Hand meiner Mutter auf meiner Schulter. Sie hielt mich kurz mit einem lieben Lächeln an. Ein Lächeln, das ich noch nie bei ihr bemerkt hatte. Ich hatte das Gefühl, dass sie etwas von meiner Aussage verstanden hatte, es aber gegenüber ihren Schwestern verstecken wollte. Einige Wochen früher hatte sie meinem Betteln nachgegeben und hatte mir ein paar Mädchenstiefel mit leichtem Absatz gekauft, die ich unbedingt haben wollte. Man wusste in dieser Zeit nichts über Menschen wie mich. Meine Mutter hatte überhaupt keine Ahnung, woher meine ungewöhnlichen Wünsche stammen konnten. Sie bemerkte, dass ich anders war und mich anders benahm als die Jungen auf der Straße.

Den ganzen Nachmittag spielte ich draußen mit Eva, meiner besten Freundin, seit sie drei Jahre zuvor in unsere Straße gezogen war. Wir redeten viel miteinander, auch über das, was ich an dem Tag in der Schule und zu meinen Tanten gesagt hatte. Eva akzeptierte meine ungewöhnlichen Aussagen meistens und sie war die erste, der ich gerne erzählten wollte, dass ich lieber ein Mädchen wäre. Ein Mädchen mit schönen langen Haaren und einer Figur so wie ihre. Aber ich traute mich nicht. Ich schämte mich und hatte Angst, dass sie mich auslachen und unseren Kontakt abbrechen würde. Diese Mauer wuchs schon sehr früh.

Abends, zu Hause, wurde nicht mehr über meine aufregende Ankündigung geredet. Stattdessen ging ich früh ins Bett. Nach Herumschnüffeln im Kleiderschrank meiner Schwester hatte ich an diesem Abend kein Bedürfnis. Mein Kopf war voll, überladen mit Gedanken und Verlangen und mit allem, was an diesem Tag passiert war. Weil es im Schlafzimmer schon richtig abgekühlt war, kroch ich tief unter meine wollene Bettdecke und überlegte mir noch ganz kurz, eine wattierte Decke aus meinem Schrank zu holen, aber dazu war ich zu erschöpft. Ich streckte mich lang und konnte merken, dass ich wirklich gewachsen war und mein verkürztes Bett mittlerweile zu klein für mich wurde. Mit hoch angezogenen Knien legte ich mich auf die Seite und nahm mein Schlaftaschentuch, wovon ich mit meinen langen Fingernägeln, die ich immer wachsen ließ, bereits drei Ecken verschlissen hatte, unter dem Kissen weg. An der letzten Spitze fummelte ich so lange, bis auch davon nichts übrig blieb. Ein letzter Gedanke schoss durch meinen Kopf, bevor ich eindöste. Es war mein tiefer Wunsch, die mittlere Schulzeit auf einer wahren Mädchenschule bestreiten zu dürfen. Das Gefühl zu haben, eine von ihnen zu sein. Mich im Einklang mit Personen vom gleichen Geschlecht zu fühlen. Äußerlich stimmte es nicht, aber ich war sicher, innerlich weibliche Züge zu haben. Wieder einmal spürte ich Tränen über meine Wangen rollen. Diesmal waren es Tränen des Verdrusses, die ich nicht länger aufhalten konnte. Niemals zuvor hatte ich mein Problem als ein wirkliches Problem empfunden. Die Unsicherheit, die ich verspürte, meine Wünsche und Verlangen, die so anders waren, als bei den anderen, hatten immer noch einen ahnungslosen und spielerischen Charakter gehabt und waren bis jetzt nie eine echte Bedrohung gewesen. Aber nun wurden sie eine ernsthafte Belastung. Eine Last, die ich mit mir tragen musste, bis ich in der Lage sein würde, mich zu äußern.

April 2009

Es hat noch ein paar erschöpfte Monate gedauert, bevor ich allen Mut zusammenbringen konnte, um einen Termin mit meinem Hausarzt zu vereinbaren. An einem Dienstag fuhr ich im Schneckentempo auf den Parkplatz des Ärztehauses, wo Mediziner mit verschiedenen Titeln ihre Praxen betrieben, und musste lange nach einem Abstellplatz suchen. Aber nach ungefähr zehn Minuten stieg ich doch die vier runden Treppen zum zweiten Stock hoch und öffnete mit erhöhten Pulsschlag die Tür zur Praxis.

Durch frühere Besuche war mein Gesicht den äußerst freundlichen Assistentinnen bekannt. „Guten Morgen Herr Wagenvoord. Sie haben einen Termin?“, fragte eine von ihnen. Sofort musste ich daran denken, warum ich hier war und fragte mich, ob es jemals eine Zeit geben würde, in der ich als Frau Wagenvoord angeredet werden würde. „Guten Morgen, ja stimmt, ich habe einen Termin bei Herrn Dr. Kock“, antwortete ich in meinem besten Deutsch. Die junge Assistentin war ein auffallend hübsches Mädchen. Sie hatte ein engelhaftes Gesicht und trug ein kleines Schild an ihrem Kittel, auf dem mit zierlichen Buchstaben ihr Name stand, „Mirabelle“. Einen passenderen Namen konnte eine so bildhübsche Erscheinung nicht haben, dachte ich und musste mich zwingen, von ihrer Schönheit weg zu gucken. Sie kontrollierte meine Unterlagen und bat mich, noch einige Minuten in

dem geräumigen Wartezimmer, in dem noch zwei erkältete Personen saßen, Platz zu nehmen.
In aller Ruhe wartete ich, bis ich an der Reihe war, und verbrachte die Zeit mit dem Durchblättern von mehr oder weniger interessanten Magazinen. Ich hatte meinen Termin extra zum Ende des Tages vereinbart, in der Hoffnung, dass der Arzt etwas mehr Zeit für mich haben würde und mehr Aufmerksamkeit für mein Problem und das Thema aufbringen konnte.
Nach einer Viertelstunde wurde ich durch Mirabelle aufgerufen. Sie führte mich zu einem der Sprechzimmer, zwischen denen der vielbeschäftigte Arzt pendelte. Nicht viel später kam er herein und begrüßte mich freundlich.
„So! Was kann ich für Sie tun?“, fragte der Arzt, nachdem er mir die Hand gegeben hatte. Meistens diagnostizierte er widerlich schnell und nahm sich wenig Zeit für Geschwätz, aber diesmal ließ er sich bequem in seinen komfortablen Bürosessel fallen und wartete ab, was ich zu erzählen hatte. Als wenn es das Normalste auf der Welt wäre, sah er, dass da etwas Wichtiges mit mir los war. Dadurch wurde ich etwas ruhiger und konnte halbwegs gelassen anfangen, meine Geschichte zu erzählen: „Schon seit meinem sechsten Lebensjahr habe ich das Gefühl, im falschen Körper zu stecken und fühle mich bereits seit vierzig Jahren tief unglücklich“, begann ich. Nachdem er mir ungefähr eine halben Stunde regungslos zugehört hatte, verstand er den Ernst meiner Situation. Am stärksten war er über meinen Selbstmord-

versuch erschrocken. Der war für ihn der Beweis, dass ich wirklich ernst meinte, was ich ihm da erzählt hatte, und ich so gut wie am Ende war. Ehrlich gab er zu, sich nicht besonders gut mit dem Thema transgender auszukennen. Die konservative Gemeinschaft, der seine Praxis angehörte, hatte kaum Erfahrung mit Personen, die so ein Problem hatten. „Wie kann ich Ihnen am besten helfen? Was ist jetzt das Wichtigste für Sie?" - „Na, zu Hause haben wir schon in reichem Maße über das Problem geredet und allmählich kommen wir zu dem Schluss, dass es nur eine Lösung geben kann", antwortete ich ihm. „Eine Geschlechtsumwandlung meinen Sie?" - „Ja. Ich würde gerne den Rest meines Lebens als Frau leben." Der Arzt blieb ruhig, aber an seiner Haltung war abzulesen, dass sein fachmännisches Können gerade so richtig auf die Probe gestellt wurde. „Hm, ich werde mich erst mal schlau machen müssen und schauen, an wen Sie sich wenden können. Geben Sie mir bitte die Zeit bis Ende der Woche. Machen Sie einen neuen Termin mit meiner Assistentin, und dann kann ich ihnen hoffentlich sagen, was für Sie das Beste ist und wer Sie dann begleiten kann. Okay?" - „Das ist gut", antwortete ich ihm. Ich reichte ihm meine Hand und bedankte mich für seine Aufmerksamkeit und die reichliche Zeit, die er mir gewidmet hatte. Danach schloss ich die Tür von seinem Behandlungsraum mit einer wahnsinnigen Erleichterung. Ich begriff, dass ich etwas ganz Wichtiges in Gang gesetzt hatte und es vielleicht möglich war, dass mich mein

Problem nicht mehr länger verfolgen würde. Kurz danach reichte mir die lieb lächelnde Mirabelle ein Zettelchen mit dem Datum und der Zeit für meinen neuen Termin am Ende der Woche. „Wir werden einander sicherlich noch oft treffen Mirabelle", dachte ich. Eigentlich hatte ich es sagen wollen, aber es blieb nur bei einem angenehmen Gedanken. Dieses Mal verließ ich anders als gewohnt die Arztpraxis. Zum ersten Mal hatte ich meine Geschichte einem Arzt anvertraut und es fühlte sich an, als ob eine riesige Last von mir heruntergefallen war.

In Gedanken fuhr ich von dem noch immer vollen Parkplatz herunter, zurück nach Hause, wo Lara mit gemischten Gefühlen auf mich wartete. Gespannt, ob ich meinem Entschluss näher gekommen war.

Auf der Suche nach einem neuen Schrank

Im Alter von **zehn** Jahren

Inzwischen hatte meine Schwester, für mein Gefühl viel zu früh, ihr Elternhaus verlassen. Ich war neun und blieb alleine mit ziemlich alten Eltern zurück. Sie war mit einem Postboten davongezogen. Nicht einer, der sich von Tür zu Tür mit dem Fahrrad abmühte, sondern mit einem, der einen großen Teil seiner Tätigkeit in einem Postauto saß. Also ein richtiger Beamter. Für mich blieb er lange nur „der Postbote". Ich hatte eigentlich gelernt, dass ein Postbote immer etwas bringt. Dieser hatte aber etwas mitgenommen. Für meine Eltern war er vom ersten Moment an der ideale Schwiegersohn. Er war nur fünfzehn Jahre jünger als meine Mutter und kam aus einer soliden, religiösen Familie mit vielen Söhnen, was vielleicht seine Wichtigtuerei erklärte. Ich mochte ihn nicht besonders. Ein bisschen wegen seines leicht besserwisserisch und rechthaberisch angehauchten Geredes. Vor allem aber war er der Mann, der mir meine Schwester weggenommen hatte, die einzige Person, die ein bisschen Leben in unser Haus gebracht hatte. Und die natürlich auch den Inhalt ihres Kleiderschrankes mitnahm, als sie auszog. „Meine" Mädchenkleider, die mir so viel Vergnügen bereitet hatten - von einem auf den anderen Tag verschwunden. Wenn ich nun abends alleine zu Hause war, konnte ich mich nicht mit ihrem

Kleiderschrank vergnügen und trösten. Stattdessen lag ich in meinem Bett und starrte ein Plastik-Eichhörnchen an, das ich mal vor Jahren von einer Tante geschenkt bekommen hatte. Seine Augen waren im Verhältnis zu seinem Leib viel zu groß. Ich erinnere mich noch gut, dass ich geweint hatte, als ich den großen Schlitz im Schwanz des Tieres bemerkte. Meine Mama hatte mich getröstet und mir erklärt, dass es eine Spardose war und ich mein Taschengeld in den Schlitz gleiten lassen konnte. Sie hatte mir gezeigt, dass es auf der Unterseite des Spareichhörnchens ein Loch gab, das mit einem runden Deckel verschlossen war, den ich nur öffnen sollte, wenn der Körper des niedlichen Tierchens voll war. Verwundert hatte ich meine Mama damals angeschaut und mich gefragt, wie ich jemals so viel sparen sollte, wenn ich doch gar kein Taschengeld bekam? Tatsächlich hat nie ein Gulden oder auch nur ein Cent je den Boden des Hörnchens erreicht, aber trotzdem war es meine kleine Schatzkiste. Niemand hatte eine Vermutung, welche Kostbarkeit ich seit der Hochzeit meiner Schwester darin aufbewahrte...

Während des Festes übernachtete einer meiner Cousins mit seiner Frau und ihrer kleinen Tochter bei uns. Sie war fünf Jahre jünger als ich und trug süße, puppenmäßige Kleider, Sachen, die in unserer konservativen Gegend nicht einmal in den Läden lagen. Meine Augen erstarrten, als sie das kleine Wohnzimmer betrat. So hübsche Mädchenkleider hatte ich niemals zuvor gesehen. Abends sah ich, wie das Kind von seiner Mama für die Feier fein gemacht wurde und ich warf einen neidischen Blick in ihren Koffer, der fast in der Türöffnung stand. In der bunten Pracht fiel mir ein kleines Unterhöschen am meisten auf. Es war goldfarbig mit sehr viel cremefarbener Spitze verziert und hing halb aus dem Koffer. Nervös schaute ich herum. Die beiden verschwanden gerade im Badezimmer und ich zögerte keinen Moment, meine Chance zu nutzen und das entzückende Teilchen wegzuschnappen. Ich versteckte meine goldene Beute unter meinem Pulli und schlich hastig in mein Zimmer. Das Höschen würde mir nie und nimmer passen, aber das war nicht die Hauptsache. Meine Begierde, es zu haben, war nicht zu bremsen. Die Tatsache, dass ich ein Dieb war, war mir komplett egal. Sorgfältig faltete ich das kleine Höschen zusammen, schraubte den runden Deckel des Eichhörnchens ab und schob es in das rote Innere hinein… und freute mich noch Jahre später an dem Gedanken, es zu besitzen. Über den Verlust des Kleiderschrankes meiner Schwester konnte es mich jedoch nicht wirklich hinwegtrösten.

Die Samstage mit meinen Freundinnen auf der Straße waren die einzigen fröhlichen Tage, welche mir noch blieben. Aber je älter ich wurde, desto mehr spür-

te ich die Schwierigkeit, einen vernünftigen Kontakt mit ihnen zu behalten. Allmählich entdeckte ich, dass sie sich anders entwickelten als ich. Und manchmal dachte ich, dass ihre Eltern sie vor mir schützen wollten. Denn ich unterhielt mich ja sehr gerne und auffällig viel mit ihren Töchtern. Sie kannten die Bedeutung davon nicht. Sie hatten ja gar keine Ahnung, dass ich dafür eine ganz besondere Triebfeder hatte und es alles andere als böse oder schlecht meinte. Das Einzige, was ich gerne wollte, war, eine von ihnen zu sein. Das Interesse an typischer Mädchenkleidung wuchs mit der Entwicklung meiner Freundinnen. Und mit meiner eigenen...
Ein Teil meines Gehirns drängte mich mit zunehmendem Testosteronwert in Richtung Männlichkeit, aber ein anderer Teil wollte etwas anders und leistete erbitterten Widerstand. Es war ein frustriertes Teilchen in meinem Gehirn, das sich während der Schwangerschaft meiner Mutter anders entwickelte. Dieses Teilchen, noch nicht einmal so groß wie ein Stecknadelkopf, gab mir ein jahrelanges eindringliches und unerreichbares Verlangen.

Meine Sonntage wurden Tage, an denen ich wie ein nettes Männlein mit echten Sonntagsklamotten eingekleidet wurde. Schreckliche Jungenklamotten. Jeden zweiten Sonntag besuchten wir meine Schwester und meinen neuen Schwager in deren Hochhauswohnung in der großen Stadt in dem Ferrari-roten Auto meines Vaters. Extrem langweilig war das jedes Mal. Man saß da nur einfach in seinen dämlichen Klamotten herum. Sechs Stockwerke hoch, mit einer Panoramaaussicht über die grünen Äcker. Das war das Einzige, worauf man starren konnte und das tat ich schon viel zu oft.

Die Abenteuer mit dem Kleiderschrank meiner Schwester waren für immer Vergangenheit. Und ich brauchte gar nicht daran zu denken, die gleichen Rituale mit dem Schrank meiner Mutter zu unternehmen. Das kam für mich überhaupt nicht in Frage. Der Kleidungsstil meiner Mutter war nicht wirklich modisch und nur selten wurden neue Sachen gekauft. Das einzige, was ich bemerkenswert fand, waren die mit Röschenborden abgenähten Blusen. Mein noch immer unverständliches, mir nicht klares Verlangen entwickelte sich in einer rasenden Geschwindigkeit. Das kurze Glück, das ich mit dem Inhalt des Schrankes meiner Schwester gefunden hatte, war definitiv vorbei. Meine Verzweiflung machte mich langsam ratlos. Aber ich musste eine neue Lösung suchen, um meine Freude wieder zu finden.

Mein bequemer Bruder hatte drei Jahre zuvor die Tochter eines Wirtes geheiratet. Schon während seines Wehrdienstes hatte er im Offizierscasino als Kellner gedient und anschließend in einem renommierten Hotel in der Großstadt gearbeitet. Nun arbeitete er mit seiner Tochter im familieneigenen Café. Die Wirtschaft lag in einem Dorf nur fünf Kilometer von uns entfernt. Mit ihrem ersten Kind und einem kleinen schwarzen Pudel wohnten sie zunächst in einem Häuschen auf der anderen Straßenseite, bevor sie in eine über dem Café liegende Wohnung zogen. Für mich war das Dorf auf meinem türkisch blau gefärbten Fahrrad ein leicht zu erreichendes Ziel, also war ich nach dem Auszug meiner Schwester ziemlich bald oft bei der jungen Familie zu finden. Ich fühlte mich da wohl. Die Hektik und die Betriebsamkeit gefielen mir außergewöhnlich gut. Ich spielte gerne mit meinem kleinen Neffen und so dauerte es gar nicht lange, bis meine Schwägerin mich bat, „mal eben nur kurz“ auf ihn aufzupassen. Aus „mal eben kurz“ wurde in kürzester Zeit „einen Abend aufpassen“, damit die Eltern in Ruhe ihrer Arbeit im Restaurant nachgehen konnten. Nun, die Windeln zu wechseln war nicht immer mein Ding, und ihn wieder von neuem ins Bett zu kriegen nicht immer leicht, aber es war eine Beschäftigung, die zu mir passte und ich hatte richtig Fingerspitzengefühl dafür. Ich wurde ihr Kindermädchen.

KinderMÄDCHEN? Plötzlich hatte ich eine typische Mädchenrolle und das gab mir irgendwie ein sehr befriedigendes und feines Gefühl. Und innerhalb kürzester Zeit war aus dem „einen Abend aufpassen“ ein regelmäßiger Wochenendjob geworden. Das war ja schließlich die Zeit, in der in der Wirtschaft Hochbetrieb war. Sobald ich am Freitag aus der Schule kam, nahm ich eine Tasche, packte ein paar Klamotten zusammen und nahm mein Fahrrad. Nachdem ich meinen Eltern Bescheid gesagt hatte, dass ich weg war, fuhr ich als Zehnjähriger so schnell wie möglich zu der Familie meines Bruders, das sich zu meinem „zweiten Zuhause" entwickelte.

So kam ich auch nach einer kurzen Durststrecke zu einem neuen Kleiderschrank, der zudem mit hübschen und interessanten Sachen von meiner modernen Schwägerin bestückt war. Auf ihrem Frisiertisch standen sogar zwei mit vollen Locken geknotete, wahnsinnig hübsche Perücken. Vor allem, wenn im Restaurant viel los war, die Besitzer gut zu tun hatten und mein Neffe tief und fest schlief, ergab sich für mich die Gelegenheit, mich fast in eine richtige Frau zu verwandeln. Und nachher platzierte ich die Sachen nach einem Stündchen Glückseligkeit mit Akkuratesse zurück, genau da, wo sie gehangen hatten. Endlich gefiel ich mir wieder selbst, wenn ich mich im Spiegel in Röcken und Kleidern drehend sah. Meine Wochenendunterkunft war mir schnell sehr vertraut. Sie passte zu mir und ich konnte dort meine Freude wieder finden. Ich war dort zufrieden und es fühlte sich sehr gut an. Obwohl es doch nur fürs Wochenende war, wurde es eigentlich allmählich mein „Zuhause".

Café und Saal gehörten dem Schwiegervater meines Bruders, der ein paar Jahre zuvor den ganzen Komplex gekauft hatte und ebenfalls oben drüber wohnte. Es war ein echter Familienbetrieb. Der Bruder meiner Schwägerin arbeitete ebenfalls in der Wirtschaft; er wohnte mit seiner Frau in einem Haus auf der anderen Seite der Straße. Tatsächlich war mein Bruder durch die Hochzeit mit Henni mit der Nase ins Butterfass gefallen. Ein großes Fass goldfarbiger Rahmbutter sogar. Dazu trug er jedoch durch den stufenweisen Ausbau der Wirtschaft mit immer mehr Sälen und Veranstaltungsräumen auch selber bei. Innerhalb einiger Jahre war der Betrieb als „Erholungsoase“ in der ganzen Region bekannt und beliebt. Wenn ich den Schwiegervater tagsüber in der kleinen, von ihm und der Familie seiner Tochter gemeinschaftlich genutzten Küche traf, sprach er mich immer mit dem gleichen Spruch an: „Johannes der Täufer, mit einem Arsch aus Kupfer und einem Pimmel von Blech, Johannes der Täufer, das bin ich.“ Auf Holländisch reimt sich das... Mit Johannes war ich, Hans, natürlich gemeint. Aber ich habe nie verstanden, was der Spruch sollte. Ob der jemals freundlich gemeint war? Ich habe keine Ahnung. Bis heute habe ich nicht verstanden, was er damit sagen wollte. Habe nur immer ein bisschen gekichert, wenn ich schnell an ihm vorbei lief. Aus dem Wege gehen konnte man ihm nicht, obwohl ich das gerne getan hätte. Er starb durch einen akuten Herzstillstand im Alter von achtundvierzig Jahren auf der Feier zum fünf- oder zehnjährigen Bestehen seines Betriebes. Es wurde sein Schlussfeier. Während des ersten Tanzes brach er auf der Tanzfläche unter den Augen seiner Angestellten zusammen. Die Arbeitslast meines Bruders und seiner Frau vergrößerte sich, zumal sie das Unternehmen stetig ausbauten und erweiterten. Mein Einsatz als Kindermädchen wurde immer gefragter. Ich hatte nichts dagegen!

Nicht nur unser Lehrer, alle möglichen Menschen erzählten uns während der letzten Grundschuljahre, wie wichtig diese Zeit für uns angeblich war. Eine entscheidende Zeit, in der die Weichen für unsere Zukunft gestellt wurden. Nun, für mich wurde diese Zeit wirklich entscheidend...

Zuerst waren es nur die Wochenenden, die ich bei meinem Bruder verbrachte. Weniger bei ihm, mit meinem Bruder hatte ich aufgrund des hohen Altersunterschiedes ja nie viel angefangen, als bei meiner Schwägerin, dem Baby und dem Umfeld der Wirtschaft, das mich anzog. Schon bald nistete ich mich auch während der Ferien bei ihnen ein. Bald war ich ständig in dem kleinen Ort zu finden – und so ergab es sich, dass ich dorthin zog. Mir war damals gar nicht klar, dass das eine ungewöhnliche Entscheidung war und ich mit meinen zehn Jahren viel zu jung war, eine solche Entscheidung zu treffen. Meine Eltern protes-

tierten jedenfalls nicht und so war meine Kindheit sehr plötzlich und endgültig vorbei.
Ich sah meine Mutter und meinen Vater noch regelmäßig an Schultagen, an denen ich bei ihnen zu Mittag aß. Und ab und zu sah ich sie an einem Samstagnachmittag bei meinem Bruder im Café, eine kleine Flasche Wacholderbranntwein holen. Aber obwohl beim Essen viel geredet wurde, haben wir eigentlich nicht miteinander gesprochen. Bis zu ihrem Tod waren meine Eltern fest überzeugt, dass die Mittelschule, die sie für mich ausgesucht hatten, die richtige war. Niemals haben sie gespürt, dass sich ganz andere Dinge in meinem Gehirn abspielten und ich mich mit vollkommen anderen Sachen beschäftigte.
Ich wollte weg von zu Hause, um mein Verlangen nach einem neuen Kleiderschrank, der mein Bedürfnis nach Frauenkleidern deckte, zu befriedigen. Dazu war bei meinem Bruder Leben in der Bude, in der Gastwirtschaft immer etwas los, für mich eine doppelte Gewinnsituation. An andere habe ich in dem Zusammenhang nicht gedacht, an meine Freundinnen auf der Straße oder an Eva, die ich einfach im Stich gelassen habe. Manchmal frage ich mich, wie Eva von meiner plötzlichen Abwesenheit erfahren hat. Wie es ihr heute geht und ob sie wohl glücklich ist?

Technische Jungenschule

Im Alter von **zwölf** Jahren

Vermutlich führte mein katastrophales Zeugnis der sechsten und letzten Klasse der Grundschule, gepaart mit dem traditionellen Denken der sechziger Jahre dazu, dass es nach Meinung des Rektors und meiner Eltern nur eine Möglichkeit für mich gab. Trotz meiner Sehnsucht, zur Hauswirtschaftsschule zu gehen, wurde entschieden, dass ich eine technische Ausbildung bekommen sollte. Es gab für mich kein Entkommen mehr. Ich musste in eine nach Öl und Metall stinkende Jungenschule, in der ich die meisten Mitschüler als bedrohlich und machomäßig empfand. Und das zu einem Zeitpunkt, an dem meine pubertierende Denkweise immer deutlicher signalisierte, dass ich am liebsten gar keine Beziehung zu solchen Jungs haben wollte. Aber vom ersten Tag an war da weit und breit und nicht einmal in der Ferne ein einziges Mädchen zu entdecken.

Eine der schrecklichsten Zeiten meines Lebens begann. Der Klassenraum war gefüllt mit pickeligen Wesen, die ölverschmierte Overalls trugen. Auch ich bekam gleich zum Schulanfang eine Ausstattung, mit der man das Metall bearbeiten konnte, um etwas Nützliches entstehen zu lassen. So hieß es jedenfalls.

Tagelang feilte ich auf einem Stück Metall herum, um es irgendwie in eine Form zu bekommen. Es sollte aussehen wie ein Kubus von vier Zentimetern im Quadrat, mit scharfen Seiten und Ecken. Nun die anderen wussten wahrscheinlich, was ein Kubus war. Ich auf jeden Fall nicht. Eisbärschreitend kam ein alter Lehrer wiederholt mit einem Winkelhaken vorbei und beurteilte, ob auch tatsächlich rechtwinklig gefeilt worden war. Der größte Teil der Jungen bekam den Kubus schnell fertig und durfte kleine untiefe Löcher hineinbohren, die Ziffern an einem Würfel ähnelten. Also ein Würfel sollte es werden, begriff ich auf einmal. Und meiner hatte keine einzige rechtwinklige Kante, wurde mir klar, als wieder der besorgt aussehende Lehrer zu einer Inspektion bei mir vorbei kam und sein stählernes Dreieck zum fünften Mal auf mein stets kleiner werdendes Prunkstück legte. Mein Würfel hatte keine Größe von vier zu vier, war an keiner Stelle rechtwinklig und die Löcher, die ich viel später hinein bohren durfte, saßen sowieso nicht mittig. Übrigens stimmte bei mir auch die Reihenfolge der Ziffern nicht. Durch mein Desinteresse und meine Gedankenlosigkeit hatte ich zwei Mal eine Fünf gebohrt und gerade diese Ziffer war nicht mehr zu korrigieren. Bei der Endprüfung schüttelte der graugelockte Lehrer seinen Kopf und erklärte mir, nachdem er meinen unansehnlichen „Würfel“ mit einer Sechs benotet hatte, das es wohl nichts mit mir werden würde. „Das ist gut“, dachte ich. „Hoffentlich sehen die bald ein, dass ich hier nichts verloren habe und schicken die mich möglichst schnell zu einer anderen Schule." Doch leider unternahm niemand weitere Schritte in diese Richtung. Auch nicht, nachdem meine Noten und Auftragsarbeiten immer schlechter wurden. Nur in zwei von dreizehn Fächern war ich gut. Es war mein Ding, mit technischem Zubehör Zahnräder, Kurven und Zylinder mit äußerster Genauigkeit auf ein großes Blatt Papier zu zeichnen. Dann war ich plötzlich auch absolut konzentriert. Auch für meine auffallend sportliche Haltung während des Gymnastikunterrichts wurde ich jedes Mal mit einer Eins benotet. Aber niemand widmete den Dingen, die ich gut beherrschte, Aufmerksamkeit. Kein einziger Lehrer hat sich mal die Mühe gemacht, meine Qualitäten zu überdenken, um mir eine Schule vorzuschlagen, die mir mehr Freude bereiten würde. Die Zeit war einfach anders. Die Klassen waren übervoll mit Jungs. Die Lehrer hatten einfach nicht die Zeit, sich mit Änderungen zu beschäftigen. Ich musste mich mit den für mich trostlosen Zuständen abfinden.

Zum Glück fühlte ich mich wenigstens in meinem neuen Zuhause wohl! Nach dem frühen Tod des Schwiegervaters meines Bruders lagen die Chance und die Herausforderung, aus dem Unternehmen etwas zu machen, nun bei ihm, Henni und Hennis Bruder. Schon als ich Henni gefragt hatte, ob ich dauerhaft bei ihnen wohnen könnte, hatte sie erfreut zugestimmt, aber zur Bedingung gemacht, dass es keine extra Belastung für sie werden dürfe. Ich hatte daher das Badezimmer, das zu meinem Schlafzimmer gehörte, selber sauber zu machen. Gegessen wurde ohnehin meist in der Restaurantküche. Meine Kleidung wusch sie mit, aber ich hatte sie selber zu falten und zu bügeln. Ich war wie ein Familienmitglied, aber verantwortlich für meine eigenen Sachen. Damit hatte ich keine Probleme und schrubbte Bad und Zimmer mit dem größten Vergnügen. Noch größeres Vergnügen bereitete mir nur ihr Kleiderschrank, mit dem ich mich in ihrer Abwesenheit fabelhaft unterhalten konnte. Die vielen schicken Sachen erfüllten mein innerliches Verlangen mehr und mehr und befriedigten meine Bedürfnisse. Vor allem die mit echtem Haar geknoteten Perücken waren eine willkommene Ergänzung. Für mich wurde der Schrank ein wahres Paradies, um meinen Genuss zu stimulieren. Es waren diese wahnsinnigen Momente, die ich jetzt in meinem neuen Zuhause erlebte, die in einem riesigen Kontrast zu den ekelhaften Tagen in der Schule standen. So schaffte ich es, durchzuhalten. Es gelang mir, die fürchterliche Zeit in der Schule auf eine geniale Weise mit diesen spaßigen Momenten zu auszugleichen.

So wie ich langsam älter wurde, wurden auch die Kinder meines Bruders größer und brauchten allmählich weniger Betreuung. Ich bekam dadurch mehr freie Zeit und konnte mich nach und nach mehr mit kleinen Aufgaben im Gasthof beschäftigen. So wuchs meine Leidenschaft für die Gastronomie. Alle Tätigkeiten, die mir aufgetragen wurden, fand ich interessant und spannend. Ich hätte den ganzen Tag in der Wirtschaft verbringen können. Dauernd war es mein Bruder, der mich aus dem Restaurant schickte. Einfach weil ich noch viel zu jung dafür war. „Hans, weg hier, verschwinde. Werde du erst mal sechzehn!“, nörgelte er dann. Das war ja noch endlos weit weg. Aber durch die vielen Busse, die den Gasthof vor allem im Sommer anfuhren, war oft so viel los, dass jede Hand gebraucht wurde. Wenn ich mich dann abseits aufhielt, vergaß mein Bruder mein Alter und meckerte, dass ich mithelfen müsste. Nichts lieber als das! Ich genoss jeden Moment der Arbeit, die ich verrichtete. Als junger Mensch wuchs ich zwischen überwiegend erwachsenen Personen langsam in die Gastronomie hinein. Es waren wunderbare, fröhliche Stunden, die in krassem Kontrast zur Schule standen. Alles um mich herum befriedigte mich. Die gemütlich quatschenden Küchenfrauen und Putzfrauen, die für die Säle eingestellt wurden. Das immer wieder neue Stellen und Eindecken der Tische für Feierlichkeiten und Hochzeiten, aber auch später das Saubermachen der Festsäle. Alles fand ich großartig und tat es mit sehr viel Vergnügen. Aber was ich am allerschönsten fand, war

die Zusammenarbeit mit den Frauen. Die typischen Frauengespräche anzuhören. Das Miterleben von typischen Frauenhandlungen. Das gemeinsame Kaffeetrinken. Ich erlebte eine fabelhafte Zeit und fühlte mich zwischen den Damen so richtig zu Hause - noch dazu in meiner eigenen Unterkunft und mit einem neuen Kleiderschrank.
Es gab dafür nur in ein Wort: „Gewaltig!“

Juli 2009

Ich war bereits einige Zeit unterwegs und es war drückend warm an diesem Tag. Für mich war es besonders drückend, weil ich meinem Termin in Osnabrück mit Spannung geladen entgegen blickte. Gespannt und gleichzeitig auf Befreiung hoffend. Nach einem anstrengenden Erkundungszug durch das mächtig alte Krankenhaus fand ich die ambulante Praxis von Herrn Dr. Reimink, einem sehr renommierten und bedeutenden Urologen, der sich schon seit mehreren Jahren auf das Thema Geschlechtsidentitätsstörung spezialisiert hatte. Anders als durchschnittliche deutsche Mediziner stellte er sich spontan mit seinem Vornamen vor. Mein erster Eindruck war beruhigend. Sein kleines Sprechzimmer war jedoch kaum groß genug für uns beide und wäre besser als geräumiger Besenschrank geeignet gewesen. In einer Ecke stand einzig und allein ein vergammelter Stuhl. Der Fußbodenbelag unter dem Stuhl war durch die Bewegung der Stuhlbeine so verschlissen und abgerissen, dass ich aufpassen musste, nicht zu stolpern, bevor ich Platz nahm. Auch der Rest des Inventars war stark veraltet. An der längeren Wand entlang stand ein baufälliger Ärztetisch, auf dem der Arzt selber Platz nahm. Dann fragte er mich, womit er mir denn helfen könne. Ich erzählte ihm meine Geschichte detailliert und er hörte mein umfangreiches Plädoyer fortwährend gähnend an. „Verzeihe mir“, sagte er, als er bemerkte, dass es mir auffiel. „Ich komme gerade aus meinem Urlaub zurück und habe dort ein paar kurze Nächte eingeschoben. Deswegen mein müder Eindruck." Er schob sich so weit nach hinten auf seinem Tisch, dass er sich mit seinem Rücken gegen die abgeblätterte Wand lehnen konnte. Bedenklich schaute ich mir seine Haltung an. „Wenn dies der Arzt sein wird, der mich operieren soll, habe ich ganz wenig Vertrauen", dachte ich. Ich stellte mir vor, es wäre gerade zufällig ein Montagmorgen, nach einem bewegten und feuchtfröhlichen Wochenende mit seinen Hockeyfreunden. Stellte mir vor, wie er wie ein Zombie beschwipst am OP-Tisch stand und zitterig meine letzte Männlichkeit wegschnitt, mit etwas trüben Augen und instabilen Fingern… Ich bildete mir ein, schon jetzt eine Alkoholfahne riechen zu können, als er seine nächsten Sätze äußerte. Mir wurde aufgetragen, meinen Oberkörper frei zu machen. Er ließ sich derweil wenig elegant und nachlässig vom Schreibtisch gleiten. Während er das Ultraschallgerät startete, das etwas versteckt in einer anderen Ecke stand, sollte ich mich auf meinem Rücken auf die Liege legen. Das Papier, das am Ende des Tisches auf einer Rolle hing, hatte er schnell und professionell ersetzt. „Das fühlt sich jetzt etwas unangenehm kalt an", warnte er. Aber noch bevor er ausgesprochen hatte, drückte er eine dicke Tube mit Gel auf meinem bloßen Bauch und der Brust halbleer aus. Mit einem kugelförmigen Stick verteilte er das transparente Schmiermittel und durchsuchte die unmöglichsten Stellen nach inneren Mängeln. Auch meine Brustwarzen wurden nicht ausgespart und von jeder Seite durch ihn betastet und bekniffen. Weil ich vorher meine Hose aufgeschnallt und schon etwas nach unten geschoben hatte, war es für ihn ganz einfach, meine Genitalien zu kontrollieren. Dass er schauen musste hatte ich wohl erwartet, das hatte ich mal irgendwo in einer Zeitschrift über transgender Personen gelesen. Aber dass er richtig hart daran ziehen musste, davon war mir nichts bekannt. „Du bist ein Mann, das ist klar", bestätigte er lachend. „Die Länge reicht, um eine Vagina daraus zu bilden, aber über deine rechte Niere mache ich mir Gedanken. Die ist vielfach kleiner als die linke." Ich durfte mich wieder anziehen und bekam ein großes Stück Papier angereicht, womit ich das überschüssige Gel von meinem Körper abwischen konnte. Detailliert erklärte er mir die Möglichkeiten einer Geschlechtsumwandlung und den Prozess, welcher einiges an Geduld erfordern würde. „Bitte hör mal gut zu, Hans. Du bist als Mann geboren und hast schon dein halbes Leben als Mann gelebt, also erwarte nicht, dass du eine schöne Frau werden wirst, wenn du hiermit anfängst." Völlig ehrlich, aber knallhart sagte er mir, wie er darüber dachte und warnte mich vor den Auswirkungen und Nachteilen, die eine Umwandlung mit sich bringen würde. „Ist dir schon ein Psychiater empfohlen worden?" - „Ich habe die Adresse und Telefonnummer von Dr. Hanson von meinem Hausarzt bekommen. Nächste Woche habe ich meinen ersten Termin", antwortete ich ihm. „Ah! Dr. Hansson. Der ist gut. Grüß ihn von Herzen." Ein zweiter Termin mit Dr. Reimink wurde erst mal nicht gemacht. Während des Gespräches betonte er, dass es jetzt besonders wichtig sei, mir die Sache gut zu überlegen, bevor ich einen riesigen Fehler beging. Gleichzeitig mit der Verabschiedung überreichte er mir die Rechnung, gab mir die Hand und murmelte: „Ich drücke dir die Daumen." Mit gemischten Gefühlen verließ ich die Klinik. Unterwegs überdachte ich meine ernsthafte Entscheidung für eine Geschlechtsanpassung in meinem fortgeschrittenen Alter. Ich würde nie eine hübsche Frau werden, hatte der Arzt gesagt. Das war wahrscheinlich ein wichtiger Aspekt für ihn, aber seine Aussage bewegte mich nicht dazu, meine Entscheidung für eine Umwandlung wieder in Frage zu stellen.

Negativpunkte

Im Alter von **dreizehn** Jahren

Ich lag auf meinem Rücken und schaute mich im Schlafzimmer um. Ein altmodischer Wecker hatte mich wach gemacht. Aus einem Radio, das ich wie immer die ganze Nacht über leise laufen ließ, klang ein Werbespot. Hieraus folgerte ich, dass es kurz vor oder nach sieben Uhr sein musste. Höchste Zeit zum Aufstehen, dachte ich noch schläfrig. Ich rieb mir nochmal extra durch die Augen, bevor ich mich entschied, die Decke von mir ab zu werfen. Eigentlich war es für diese Jahreszeit schon schweinekalt in meinem Zimmer. Ich zitterte und dachte, wenn es bald richtig Winter wird, muss ich Henni wohl um eine zusätzliche Decke bitten. Der Sommer endete langsam und in den Nächten konnte man bemerken, dass es morgens schon länger dunkel blieb, was das Aufstehen nicht vereinfachte. Mein Schlafzimmer lag direkt über einem der Säle. Er wurde der Zwischensaal genannt und hatte eine Kapazität für etwa 250 Gäste. In den letzten Jahren waren alle Säle an den Samstagen und Sonntagen mit Menschen jeden Alters vollständig ausgebucht.

Leider verbot mir mein junges Alter immer noch, meine juckenden Finger irgendwo hinter einer Theke zur Unterstützung anzubieten. Aber immer öfter streckte ich meine Nase neugierig um die Ecke, nur um zu fragen, ob Nachschub gebraucht wurde. Wenn ich dann schon da war, sammelte ich im Saal gleich noch die leeren Gläser von den Tischen, um sie später zu spülen, damit sie von neuem gefüllt werden konnten. Ich spürte damals kein bisschen Scham, als kleiner Bengel zwischen der feiernden Meute zu sein. Es fühlte sich gar nicht bedrohlich zwischen all den Erwachsenen an. Ich fühlte mich wohl und plauderte oft mit Gästen die mich mittlerweile als den Kleinen kannten, der immer sehr beschäftigt war. Oft wurde es durch die Masse an Menschen ziemlich warm im Saal und meistens wurde stark geraucht, wodurch die Wärme nochmal extrem zunahm. Das Rauchen verursachte einen durchdringenden Nikotindampf, der so stark war, dass er durch die Bretter der Saaldecke in unsere darüber liegende Wohnung zog. Auch hinauf in mein Schlafzimmer, das bei Tagesanbruch einen ekelhaften Geruch hatte. Übrigens hat mich der Gestank nie davon abgehalten, meinen Schlaf so kurz nach Mitternacht zu finden. Auch der Geräuschpegel nicht, obwohl die Decke nur ein Brett dick war und die Musikanten auch damals schon laut aufspielten und die feiernde Meute einen Höllenlärm veranstaltete. Man gewöhnte sich einigermaßen an den monotonen Beat und den anhaltenden Krach. Wenn ich wieder den ganzen Tag richtig beschäftigt gewesen war, schlief ich meistens schnell ein. Genau sieben Uhr war es jetzt. Die Nachrichtensprecherin war der Beweis. Ich warf meine Decke nach hinten und verriegelte das kleine Hämmerchen auf dem Wecker. Barfüßig trottete ich über die verschlissene Kokosbodenfläche zum Badezimmer, um mich frisch zu machen. Ich wusch mich und kniff die letzte Zahnpasta aus der schon stramm aufgerollten Tube. Danach zog ich mich an und beim Verlassen des Schlafzimmers schaute ich mich noch einmal um. Alles war sehr gepflegt und aufgeräumt, das Bett nett zurückgeschlagen. Mein Kissen war aufgeschüttelt und die nur einmal getragenen Klamotten hingen ordentlich über dem Stuhl. Daran konnte niemand etwas auszusetzen haben. Nur ein paar stinkende Socken stachen halb aus einem Paar alten Schuhen unter meinem Bett hervor. Aber ich hatte mir bereits vorgenommen, sie abends einzulaugen. Übrigens konnte ich sie durch die Nikotin- und Bierdämpfe auf meinem Zimmer kaum riechen.

Durch die Fenster des Wohnzimmers konnte ich sehen, dass sich auf der naheliegenden Kreuzung schon eine Gruppe Jugendlicher versammelt hatte. Eine der Ecken der belebten Kreuzung fungierte als Sammel- und Startpunkt für die zur Schule fahrende pubertierende Jugend. An den wärmenden Jacken konnte ich sehen, dass es an diesem Morgen tatsächlich kälter war. Also folgte ich ihrem Vorbild, zog eine warme Jacke an und gesellte mich etwas später zu ihnen. „Fahren“, riefen die ersten Schüler vorne in der Reihe immer lauthals. Auch an diesem Morgen, als ich als einer der Letzten zu der Gruppe stieß. Die meisten waren da und außerdem wurde es höchste Zeit. Wer jetzt noch nicht da war, musste sich den Schweiß aus seinem Körper fahren, um wieder Anschluss an uns zu bekommen. Wenn der erste schrie, bestiegen wir mit viel Stimmengewirr unsere Fahrräder und machten uns auf den Weg zu einer für mich schrecklichen Jungenschule. Der Himmel wurde stetig dunkler, aber von Regen war noch keine Spur, also fuhren wir quatschend mit einer normalen Geschwindigkeit. Das war schon anders, wenn es richtig regnete. Dann wurde unterwegs fast nichts gesagt. Jeder war schlecht gelaunt und die laut raschelnden Regenanzüge übertönten die rappelnden Fahrräder. Bei schönem Wetter war es unterwegs meistens ganz gesellig. Die Jugend aus diesem kleinen Dorf hatte eine andere Mentalität als ich es aus dem Dorf, wo ich geboren war und meine Eltern wohnten, kannte. Es wurde unterwegs viel geschwatzt, aber nicht gemein übereinander hergezogen. Es machte den Eindruck, als ob sich alle respektierten so wie er oder sie war. Das eklige Machobetragen von den Jungs aus meinem Geburtsort war hier gar nicht spürbar. Meistens fuhr ich dennoch als einer der Letzten in der ungefähr vierzig Schüler zählenden Gruppe bei den Mädchen mit.

Wenn ich aus der Schule zurückkam, schmiss ich meine Schultasche in eine Ecke meines Schlafzimmers und war froh, dass ich wieder einen Tag geschafft hatte.

Die Hausaufgaben, die wir aufbekommen hatten, blieben sowieso nett und gesichert bei mir in der Tasche aufbewahrt. Es gab keinen, der mich kontrollierte, also blieben die Bücher zu. Meistens meldete ich mich in der Küche und war erpicht darauf, meine Arbeitskraft einbringen zu können. Wenn es da keine Arbeit mehr gab, war oft etwas anderes zu erledigen, was liegen geblieben war.

Aber ich brauchte auch immer mehr Zeit für mich selber. Fast jeden Abend schwamm ich endlose Bahnen in dem gemütlichen Außenschwimmbad unseres Dorfes. Und wenn ich Glück hatte, durfte ich, weil ich im Schwimmverein war, das Bad auch außerhalb der Öffnungszeiten benutzen. Dabei hatte das Schwimmen für mich nichts von sportlicher Entspannung und anschließender Geselligkeit im Verein. Ganz im Gegenteil hielt ich mich oft abseits und war nicht in der Laune, mich für einen Kontakt zu den anderen anzustrengen. Ich brauchte diese körperliche Anstrengung, um mich zu entladen. Ich schwamm meine Bahnen, bis ich nicht mehr konnte. Kämpfte mich durch das Wasser, bis ich im unbeheizten Außenbecken zu schwitzen begann. Nur dann konnte ich das Gefühl, das mich quälte, bändigen, meine ewige Traurigkeit vergessen. Obwohl ich über der Wirtschaft in einer fabelhaften neuen Umgebung lebte, war ich immer öfter so schlecht gelaunt, dass mir alles zu viel wurde. Immer wieder musste ich mich zu extremen Leistungen zwingen, um mich entladen zu können und meine Depressivität zu unterdrücken. Und immer öfter war da der Drang, zu weinen. Mein Lebensmut war so tief gesunken, dass ich anfing, mein Leben schrecklich schwierig zu finden. Trotz meiner Späße mit dem Kleiderschrank meiner Schwägerin und der Freiheit, die ich genoss, schaffte ich es kaum noch, eine gewisse Mutlosigkeit zu überwinden. Immer wieder waren da diese fremden Wahnvorstellungen, die bei mir diese komischen Gefühle hochkommen ließen. Ich wusste nicht, wie ich es erklären sollte oder wohin mit meinen Gefühlen. Ich kannte niemanden, der mir damit helfen konnte. Keiner, an den ich mich wenden konnte, niemand mit dem ich darüber reden konnte, was für ein merkwürdiges Gespinst durch meinen Kopf spukte. Der Drang zu den Mädchen war da, das war vollkommen normal, da stimmten meine jungenmäßigen Gefühle völlig mit meinem Alter überein. Gleichzeitig war es für mich immer wieder die fortwährende Quälerei, mich in dem Jungenskörper zu Hause fühlen zu müssen. Dieses Gefühlschaos machte mich fertig.

Die Herbstferien näherten sich. Die Ergebnisse für das erste Schuljahr waren dramatisch. Beim Empfangen des Schulzeugnisses blieb der Lehrer nachdenklich an meinem Tisch stehen. „Es ist nicht besonders gut, Hans“, sagte er kopfschüttelnd. Zum Glück war er so vernünftig, es mir ganz leise zu berichten, sodass der Rest der Klasse ihn nicht hörte. „Zeichnen kann ich wohl“, antwortete ich, zu ihm nach oben schauend. „Ja, das stimmt. Aber zusammen mit deiner Gymnastik ist das auch das einzige, worin du gut bist.“ In unserer Schule war ein „Negativpunktesystem“ eingeführt worden. Mit jedem Ungenügend, dass man bekam, wurde ein Negativpunkt eingetragen. So kam es, dass ich mit meinem ersten Zeugnis 13 Punkte gesammelt hatte, davon die meisten in theoretischen und fachtechnischen Fächern. Gerade Fächer, die für diese Schule am wichtigsten, für mich aber völlig uninteressant waren. Meine so nachdrücklich demonstrierten Negativpunkte ließen meine Motivation in der Schule noch geringer werden und ich hielt es weniger denn je für nötig, mich für bessere Leistungen anzustrengen. Zwei Tage nach der Zeugnisvergabe saß ich im Zeichenraum. Wir hatten zwei Stunden technisches Zeichnen und ich hatte mit einer Zeichnung angefangen, als auf einmal der Konrektor der Schule an meinem Tisch stand. Durch meine Konzentration auf die Zeichnung war er mir gar nicht aufgefallen. Obwohl ich den Mann von Anfang an als einen mürrischen und launischen Menschen erlebt hatte, fragte er mich in diesem Moment sehr freundlich, ob mir die Zeichnung gelingen wollte. Ich wunderte mich. Warum sprach jemand, der sich sonst wie ein Diktator aufführte, plötzlich so freundlich mit mir? Ein Wolf im

Schafspelz? Was wollte er von mir? Ich erzählte ihm, dass ich diese Zeichenstunden mochte. Der Mann nickte und beugte sich etwas mehr vor, um meine Genauigkeit in dieser Zeichnung zu überprüfen. „Fabelhaft, wirklich fabelhaft“, sagte er begeistert. „Darf ich dich mal ganz kurz stören? Ich möchte gerne mal mit dir reden, wenn das möglich ist. Am besten können wir das außerhalb des Klassenraumes tun.“ - „Ja klar, aber natürlich“, stotterte ich, war aber über diese Aktion komplett erstaunt. Nachdem ich meiner Lehrerin einen fragenden Blick zugeworfen hatte, verließ ich meinen Platz hinter dem Zeichentisch und lief folgsam hinter dem Konrektor her, ängstlich und neugierig zugleich, was er mir erzählen wollte. Draußen auf dem Gang drehte er sich um und legte gleich vom Ufer ab. „Was wir uns fragen, Hans, ist, ob dir diese Schule Spaß macht?“ Damit hatte ich auf gar keinen Fall gerechnet. Der Mann war auf einmal um hundertachtzig Grad gedreht. „Wieso“, stammelte ich, während ich ihn ungläubig anstarrte. Obwohl ich verdammt gut wusste, was er meinte und dass ich mit „Wieso“, eine völlig falsche Reaktion gegeben hatte, hörte ich ihn weiter an, wobei er mich auch an die große Anzahl Negativpunkte erinnerte. „Bei unserer Zeugniskonferenz hat sich herausgestellt, dass dein Charakter nicht mit deinen Noten übereinstimmt. Es fällt auch auf, dass du bei der Lehrerin für Technisches Zeichnen und auf dem Sportplatz eine komplett andere Person bist, als bei dem Rest der männlichen Kollegen." Mit seinem Rücken gegen eine grün gestrichene Wand lehnend wartete er auf meine Antwort. Ich war kein Junge, der in so einer Situation ein gutes Mundwerk hatte. Meistens musste ich nach Wörtern suchen, um eine gute Antwort abzugeben. Bei mir war das Kind schon lange ertrunken, bevor ich Ahnung hatte, dass es überhaupt in den Brunnen gefallen war. Oft denke ich noch über vergangene Gespräche nach und realisiere im Nachhinein, was ich besser hätte sagen sollen. Aber irgendwie schaffte ich es, stammelnd und stotternd, ihm zu erklären, dass ich immer schon lieber auf die Hauswirtschaftsschule gehen wollte, um da meine Ausbildung zu machen und dass ich das auch meinen Eltern und dem Grundschullehrer wiederholt gesagt hatte. Mit viel Aufmerksamkeit hörte der Konrektor zu und nickte dauernd, während ich weiter erzählte. Das ermutigte mich. „Wenn ich ehrlich sein muss, finde ich auf dieser Schule absolut nichts, was mich interessiert. Das Metallfach verabscheue ich. Das Eisen stinkt, und wenn ich damit arbeite, sind meine Hände so schrecklich mit Öl durchtränkt, dass ich zum Abbürsten mehrere Tage brauche um sie wieder sauber zu bekommen. Und meistens gelingt es mir dann trotzdem nicht, den letzten Dreck aus meinen Poren zu entfernen." Das Eis war gebrochen. Jetzt hatte ich die Möglichkeit zu erzählen, was ich auf dem Herzen hatte, dass ich fast jeden Morgen mit einem bleischweren Kopf aufstand, gefüllt mit dem schrecklichen Gedanken, dass ich mich wieder in dieser fürchterlichen Schule auf etwas konzentrieren sollte, das mich überhaupt nicht interessierte. Ich schaute den Konrektor hoffnungsvoll an. Würde er mich von dieser Folterung erlösen? Würden die Lehrer endlich kapieren, dass diese Ausbildung nichts für mich war? Der Konrektor blickte ziemlich fassungslos und seiner Reaktion nach zu urteilen, wusste er nicht ganz genau, wie er darauf reagieren sollte. Aber ich wollte meine Chance nutzen. Ich erzählte ihm sogar, dass ich mittlerweile überwiegend bei meinem Bruder im Restaurant wohnte, dass es mir da richtig gut gefiel und mich wirklich alle Tätigkeiten dort faszinierten. Ich traute mich nicht, ihm die fabelhafte Nebensächlichkeit, dass ich mich da überwiegend nur unter Frauen aufhielt, auf die Nase zu binden, aber sagte nochmal, dass mir das Aushelfen in der Wirtschaft zeigte, dass die Hauswirtschaftsschule die richtige Wahl gewesen wäre. Mir wurde in dem Moment selber nochmal richtig bewusst, was für eine Katastrophe die Schulwahl meiner Eltern für mich gewesen war, wie wenig sie mir zugehört und wie wenig sie mich verstanden hatten. Ich will es ihnen nicht vorwerfen oder über die misslungene Begleitung meiner Jugend sprechen. Wieder waren es die anderen Zeiten und die Situation, die einfach anders war. Die Tatsache, dass ich mich bei ihrem ältesten Sohn aufhielt, war für meine Eltern wahrscheinlich eine reizvolle Lösung. Eigentlich hatten sie damit ihre Verantwortung an ihren ältesten Sohn abgegeben, einen beschäftigten Geschäftsmann, der nie begriffen hat, dass meine Erziehung auf seine Schultern gelegt worden war, nachdem ich bei ihm eingezogen war. Er verstand das eher wie eine Wohngemeinschaft. Niemand hat sich wirklich um mich gekümmert. Ich war damals heilfroh, in dem quirligen Haushalt gelandet zu sein und in Ruhe gelassen zu werden, aber ob das wirklich richtig war, kann man im Nachhinein sicherlich bezweifeln.

„Ich verstehe dich. Du bist an die falsche Schule geraten und ich werde mal schauen was ich für dich tun kann. Es wird durch deine schlechten Noten in der Grundschule bestimmt nicht einfach, aber ich werde mein Bestes tun." Oh! Ich war so erstaunt, dass mein Mund aufklappte. Wie ich in dem Moment hoffte, doch noch auf die Haushaltungsschule gehen zu können! Ich bekam richtig Gänsehaut vor Hoffnung.

Aber ich hörte nie wieder von ihm und ich blieb auf dieser Schule. Nichts gelang mir, ich war uninteressiert und fühlte mich tief unglücklich. Trotz meiner schlechten Schulergebnisse erreichte ich die zweite und danach sogar die dritte Klasse. Durch die große Zunahme von neuen Schülern gab es für die Leitung immer einen Grund, mich die Klasse nicht noch einmal machen zu lassen, ungeachtet meiner armseligen Resultate. Für mich sollte die Ausbildung drei grässliche Jahre dauern, obwohl selbst die Fachlehrer mit der Zeit resignierten. Sie nörgelten nicht mehr an mir herum, hatten sich mit meinem Versagen abgefunden und begriffen, dass mich zu besseren Leistungen bringen zu wollen verschwendete Energie war. Warum ich trotzdem drei Jahre in dieser Hölle verbrachte, werde ich nie begreifen.

August 2009

Eine Woche, nachdem ich Dr. Reimink besucht hatte, stand mein erster Termin bei dem Psychiater an. Wiederum ein wichtiger Schritt, um mich über die Möglichkeiten und Komplikationen auf dem langen Weg zu einer Geschlechtsangleichung zu informieren. Dr. Hansson schien ein routinierter Psychiater zu sein. Anhand einiger Gespräche sollte er feststellen, ob meine transgender Gefühle Wirklichkeit waren oder ob ich bereits seit mehr als vierzig Jahren mit einer Psychose lebte, die mit den Jahren zu einer Einbildung und Angewohnheit geworden war. Er war die alles entscheidende Person, die mich sowohl bei der Beantragung der Behandlungskosten bei der Krankenkasse begleiten, als auch zu allen Spezialisten, die für mich eine wichtige Rolle während dieser Prozesse spielten, überweisen würde. Wahrscheinlich hatte es an diesem Morgen auch mit dem fabelhaften Wetter zu tun, dass ich mich so gut fühlte und außergewöhnlich positiv gelaunt war, aber vielleicht auch wegen meiner immer sicherer werdenden und standhafteren Entscheidung. Ich freute mich sogar auf alle Arztbesuche und damit verbundenen Entwicklungen, die mit meinem Problem zu tun hatten. Das entdeckte ich zum ersten Mal bei meinem Hausarzt und in der vorhergehenden Woche auch bei Dr. Reimink. Beide hatte ich nach den Gesprächen mit einem befreiten Gefühl verlassen, als ob ich ein paar dicke Steine aus meinen Taschen hatte gleiten lassen. Steine aus einem bleischweren Mantel, der mich umgab. Bei fast jedem Lied, das aus meinem Radio schallte, mitsummend, erreichte ich die Innenstadt von Osnabrück und fand die Praxis. Eine korpulente Assistentin öffnete die Tür, nachdem ich schon mehrere Male geklingelt hatte. „Sie sind bestimmt Herr Wagenvoord", stellte sie mit einem breiten Lachen in ihrem Gesicht fest. Die freundliche, wohlbeleibte Frau ließ mich herein und erzählte mir, dass es noch eine kurze Weile dauern würde, bevor Dr. Hansson käme, weil etwas sehr Wichtiges im Krankenhaus dazwischen gekommen war. „Soll ich Ihnen eine Tasse Kaffee machen? Sie waren heute Morgen bestimmt schon lange unterwegs. Ich hörte im Radio, dass viel Betrieb auf der Autobahn war." Ich bestätigte den Betrieb unterwegs und dass ich eine Tasse Kaffee wohl ganz nett finden würde. Während die Kaffeemaschine arbeitete, brachte sie mir verschiedene Formulare und Fragebögen. „Dr. Hansson bittet darum, das alles schon mal auszufüllen. Da in der Ecke liegt außerdem reichlich Lektüre, der Kaffee kommt gleich." Das Aroma des frisch gekochten Kaffees verteilte sich langsam in den Zimmern und steigerte meine Lust auf eine frische Tasse Kaffee, aus der aber immer mehr eine abgestandene wurde, weil die Assistentin sich dauernd am Telefon unterhalten musste und dabei immer wieder in eine mit Schokoladenkeksen gefüllte Glasschüssel griff. Kein Wunder, dass sie so mollig war! Nach einer glatten Stunde Wartezeit kam ein etwas älterer Mann mit grauem, welligem Haar herein. Auf seiner dicken, kurzen Nase saß eine kleine Brille und er trug einen dreiteiligen Anzug mit einer rot-weißen, steifen Fliege. Ein typischer Psychiater aus alten Zeiten, dachte ich, als er an mir vorbei lief. Mit einem freundlichen Lächeln nickte er mir zu, während er den Weg zu der kleinen Küche nahm, um sich von seiner Assistentin die jüngsten Informationen und eine Tasse des Kaffees zu holen, der doch eigentlich für mich bestimmt gewesen war.

Auf dem Weg in sein Sprechzimmer überreichte ich ihm die ausgefüllten Formulare. Das einzige, was er mir als Sitzmöglichkeit anbot, war ein nagelharter Küchenstuhl an einem einfachen runden Küchentisch. An einer langen Wand stand ein reichlich gefüllter Bücherschrank, zweifelsfrei mit Büchern über das menschliche Gehirn und das Benehmen von verschiedenartigen, fremden Personen. Wieder überkam mich das unsichere Gefühl, das ich noch vom ersten Besuch bei Dr. Reimink kannte. Aber ich zwang mich, keine Vorurteile bezüglich der Qualitäten des Arztes auf der Grundlage der schlichten Einrichtung und seines altmodischen Aussehens zu entwickeln. Ich wollte alles auf mich zukommen lassen.

Auch diesmal erzählte ich meine Geschichte so, wie ich sie auch schon dem Hausarzt und dem Urologen erzählt hatte. Während meines Berichtes observierte Dr. Hansson mich eindringlich und starrte mich ununterbrochen über seine Brille hinweg an. Es fühlte sich an, als ob er mich quer durchleuchtete. Nach einigen Nachfragen zog er

ziemlich schnell seine Schlussfolgerung und ließ mich wissen, dass ich unverkennbar transgender war und mich schon in der Endphase einer Entwicklung befand. „Sehen Sie es ganz einfach so: Sie stehen an einer Kreuzung und haben die Möglichkeit drei Wege zu fahren. Bei der ersten Möglichkeit biegen Sie links ab und informieren nur die Verwandtschaft über ihr Transgendersein, und sonst nichts. Die zweite Möglichkeit, rechts ab, ist das Sichtbarmachen nach außen z.B. durch das Tragen von Kleidern des anderen Geschlechts." - „Meine dritte Möglichkeit kenne ich bereits", unterbrach ich ihn. „Eine Geschlechtsänderung, meinen Sie." „Genau. Nicht rechts, nicht links, geradeaus durch die Kreuzung durch mit einer Geschlechtsänderung. Sie stehen vor einer sehr wichtigen Entscheidung und mehr Auswahlmöglichkeiten haben Sie nicht." - „Gut. Das weiß ich eigentlich alles. Aber wie geht es jetzt weiter?" Ich war ein wenig überrumpelt durch seine richtige aber doch sehr zügige Zusammenfassung meines Problems und meiner Optionen. Ich hatte so eine rationale Vorgehensweise nicht erwartet, dabei hatte er im Wesentlichen vollkommen Recht. Jahrelang, jahrzehntelang hatte ich mich mit dem Problem herumgeschlagen und kam seiner schnellen Einschätzung kaum hinterher. Dabei war ihm durch seine jahrelange Erfahrung klar, dass mir nur wenige Möglichkeiten blieben. Die Kreuzung mit nur drei Wegen.
Er guckte mich an und erwartete eine Reaktion. „Können Sie mir jetzt schon Ihre Wahl mitteilen? Die Ampel

wird bald grün." - „Ja, das kann ich", antwortete ich ihm, ohne darüber nachdenken zu müssen. „Mein Lenkrad bleibt gerade stehen." - „Gut. Das ist für Sie also schon klar. Sind Sie verheiratet?" Ich nickte und immer noch verblüfft antwortete ich erst etwas später: „Ja." - „Dann machen wir einen neuen Termin möglichst bald, gemeinsam mit Ihrer Frau. Sie befinden sich schon im fortgeschrittenen Alter und ich will Sie so schnell wie möglich von Ihrem Leid erlösen."

Überwältigt vom Gespräch mit dem Psychiater bemerkte ich erst zu Hause, dass ich während der langen Rückreise gar keine Musik im Auto angemacht hatte. Die ganze Fahrt war ich in tiefe Gedanken versunken und analysierte die Unterhaltung von allen Seiten. Erst spät am Nachmittag fuhr ich die Auffahrt zu Hause hoch, wo unser Hund mich freundlich bellend begrüßte. Lara hatte mich ankommen sehen und lief mir neugierig entgegen. „Und? Erzähle mal", drängte sie, noch während ich ausstieg. „Ich weiß es nicht, Lara. Für so etwas Wichtiges muss man doch ganz viel Vertrauen in eine Person haben. Wenn ich bedenke, dass diese Ärzte mich den ganzen langen Prozess über betreuen werden, bin ich mir nicht mehr so sicher. Wahrscheinlich liegt es daran, dass die fast täglich mit solchen Themen zu tun haben. Mein Riesenproblem fühlt sich bei denen plötzlich wie eine Kleinigkeit an."

An diesem Abend redeten wir lange miteinander. Über die Kreuzung und die drastischen Vorschläge des altmo-

disch aussehenden Psychiaters. Trotz meiner eher negativen Einschätzung der beiden Ärzte bemerkte ich an Laras Betrübnis, dass meine Entscheidung endgültiger wurde. Aber ich realisierte noch nicht, dass die Ampel tatsächlich kurz davor war, auf Grün zu springen.

Sabrina

Im Alter von **vierzehn** Jahren

Über dem Café befand sich hinter einem großen Dachaufbau das Wohnzimmer. Eine stark riechende Gasheizung erwärmte den schlecht isolierten Raum. Neben den leicht veralteten Möbeln stand unter den Fenstern des Dachaufbaus ein etwas neueres dreisitziges Sofa. Wenn man auf der Rückenlehne Platz nahm, hatte man durch die Fenster und über das Dach der Veranda hinweg eine fabelhafte Aussicht auf die einzige mit Ampeln eingerichtete Kreuzung des Dorfes, das Zentrum des Ortes, der Knotenpunkt, dessen eine Ecke als Startpunkt für die Schuljugend benutzt wurde. Abends wurde die gleiche Ecke durch meistens herumblödelnde Jungs in Beschlag genommen. Voller Neugier starrten sie den vorbei rasenden Autos nach. Wiederholt war die Rückenlehne der Couch mein Lieblingsplatz. Ich schaute nach draußen, drückte meine Knie gegen die Heizung und hörte durch einen riesigen Kopfhörer meine Lieblingsmusik.

In einem Wohnhaus auf der gegenüberliegenden Straßenseite wohnte zu der Zeit Hennis Bruder zusammen mit seiner strohblonden Frau Anja. Beide arbeiteten ebenfalls im familieneigenen Restaurant. Wenn ich an Anja denke, sehe ich viel blondes Haar und qualmenden Rauch einer Pall Mall-Filterzigarette. Ihr Mann sah dagegen aus wie ein Nerd. Ich mochte die beiden gerne. Das Paar hatte zwei kleine Söhne, einer blonder als der andere. Weil ich noch immer nicht das Alter hatte, während stressiger Wochenenden im Restaurant mithelfen zu dürfen, ergab es sich, dass ich häufiger auf die Nachkommenschaft aufpasste. So ging ich bei ihnen ein und aus. „Auf der anderen Seite" wurde deswegen schnell zum feststehenden Begriff, um zu erklären, wo man sich aufhielt. Fragte man im Restaurant, war das Wohnhaus auf der anderen Seite der Straße gemeint. Wurde im Wohnhaus gefragt, meinte man das Restaurant damit. Meistens hütete ich Bas und Pim an festen Tagen: Samstagabend und Sonntagabend und ab und zu mal an einem Freitag, wenn mehrere Hochzeiten reserviert waren. Das Beschäftigen und Hüten von kleinen Kindern war mir ja nicht fremd, ich hatte schon bewiesen, dass ich das konnte. Ich verdiente ein paar Gulden damit und es machte mir Spaß, auch wenn ich das Windeln wechseln immer noch eine widerliche Sache fand. Weil die Eltern meistens spät von ihrer Arbeit zurückkamen, schlief ich dort, damit die kleinen Jungs nicht alleine waren. Schon ganz früh am nächsten Morgen schlichen sie sich oft zu mir und machten mich wach, indem sie sich auf mich stürzten und mit Kissen attackierten. Wenn wir dann eine kurze Zeit herum getobt hatten, gab ich dem Kleinsten eine Flasche Brei und dem Älteren eine Schnitte Brot mit Schokocreme und ohne Kruste. Für mich schmierte ich zwei Schnittchen mit einer dicken Schicht Butter, bestreute sie mit Schokostreuseln und nahm mir ein großes Glas Tee dazu. Anschließend zog ich mich um, während der dampfende Tee abkühlte. Nicht viel später kam Anja die Treppe herunter, übermüdet, verschlafen, barfuß und oft nur mit einem winzigen Slip und einem ultrakurzen, engen Hemd bekleidet. Während wir einander mit wenigen Worten begrüßten, aß ich meine Schnittchen.

So auch an diesem Morgen. Nachdem sie Bas und Pim begrüßt hatte, setzte sie sich zu mir an den Tisch, grapschte ihre Schachtel Pall Mall und zündete sich ihre erste Zigarette an. „Soll ich dir auch eine Tasse Tee machen", fragte ich sie. „O ja, ganz gerne." Ihre Stimme klang wie die eines Bergarbeiters. „Es war heute Nacht ziemlich spät", sagte sie entschuldigend. „Und gemütlich, sicherlich?", fragte ich schäbig. „Wir haben zum Schluss noch ein kleines Getränk genommen und geredet. Ich habe einen richtig trockenen Mund davon." - „Vom Quatschen oder vom Getränk?" - „Ja, was denkst du? Vom Quatschen natürlich, Schlitzohr." - „Deine roten Augen sagen etwas anderes und ich kann den Alkohol jetzt noch riechen", lachte ich.

Dadurch, dass ich mich immer mehr in der Gastronomie einlebte, wurde ich allmählich immer häufiger mit trinkenden Menschen konfrontiert. Niemals habe ich verstanden, wie sich jemand dazu bringen kann, so große Mengen alkoholischer Getränke zu konsumieren. Manchmal waren die Leute sternhagelvoll. Überwiegend Männer, die dir beim Reden von Nahem ins Gesicht spuckten und dich mit kälbersaugenden Blicken doof ansahen, wenn du sie etwas fragtest. Wenn sie noch das Vermögen hatten, zu antworten, geschah das meistens mit erhobener Stimme und wild gestikulierend, so dass man richtiggehend Angst bekam. Ich habe mich niemals an solche Leute gewöhnen können. Es hat mir immer ein unangenehmes Gefühl bereitet.

„Anja, dein Tee." - „Danke dir, das ist genau das Richtige", antwortete sie und blies mit dem Zigarettenrauch über ihren heißen Tee, um ihn abzukühlen. Nach der ersten Zigarette klang ihre Stimme wunderlicherweise weniger rau. „Sind die Kinder gestern Abend noch aufgewacht, Hans?" - „Nur der Große. Ich lag schon in meinem Bett, als er plötzlich neben mir stand. Er plapperte etwas Unverständliches und ist danach wieder in sein Zimmer gegangen. Sonst hab ich nichts mehr von ihm mitbekommen." Anja zog noch einmal fest an ihrer fast verrauchten Zigarette und nahm drei Gulden aus ihrem Portmonee, das auf einem kleinen Tisch hinter ihr lag. „Danke fürs Aufpassen. War es vergnüglich für dich?", fragte sie. „Du brauchst dich nicht zu bedanken, Anja. Ich mach es ganz gerne und es ist immer angenehm." Wirklich angenehm war es nie. Meistens war ich alleine. Verbrachte meine Zeit überwiegend mit fernsehgucken und manchmal wurde das Programm durch das Aufwachen eines Kindes unterbrochen. Oft nahm ich es dann kurz zu mir, aber wenn es der Kleine war, konnte ich davon ausgehen das ich erst eine vollgeschissene Windel wechseln musste. Ich gab ihm dann etwas zu trinken und las ihm ein kleines Stück aus seinem Lieblingsbuch vor. Trotzdem war es nicht immer leicht, ihn wieder in sein Bett zu bekommen. Nein, angenehm war es nicht. Eigentlich war es fürchterlich langweilig. „Nächste Woche wieder“, fragte ich sie, über meine Schulter blickend und auf den Mantelstock zugehend. „Unbedingt. Kannst du es einrichten oder hast du mal was anderes vor?“ - „Nein, ich kann wohl. Aber es ist doch lange, abends so alleine“, sagte ich vorsichtig. „Dann frag doch mal einen Freund. Der kann auch gerne hier schlafen.“ - „Ein Freund?“, erwiderte ich erschrocken und abweisend. „Es darf auch ein Mädchen sein“, sagte Anja leise kichernd. „Oh, zum Glück“, antwortete ich erleichtert. „Ich dachte, du würdest es nie vorschlagen.“ - „Hast du denn eine?“ Ich schüttelte den Kopf. „Kennst du auch keine, die du nett findest?“ Ich schaute Anja an und musste richtig schlucken. Den Mut, ein Mädchen anzusprechen, ob es mit mir gehen wollte, hatte ich nicht. Dabei wünschte ich mir das durchaus. Meine Gefühle für Mädchen wurden eindringlicher und meine wollüstige Neugierde entwickelte sich stetig, so wie bei jedem anderen Jungen meines Alters. Die kindliche, verliebte Beziehung mit der Freundin aus der Straße meiner Eltern war anders. Ganz anders als meine Gefühle für Mädchen, die ich jetzt entwickelte. Nach dem Einzug bei meinem Bruder fühlte ich mich mit einem Mal so viel mehr erwachsen.

Schon vor ein paar Wochen war mir ein blondes Mädchen, das immer in der Schülergruppe mitfuhr, aufgefallen. Sie war schlank, genau so groß wie ich und besaß auffallend erwachsene Brüste. Ihr durch die Radfahrt rot erhitztes Gesicht stach gegenüber ihren hellen Haaren ab. Oft fuhr sie gemeinsam mit einer Freundin und plauderte wahrscheinlich über viele Mädchensachen. Ihr gemeinsames Kichern stimmte mich einigermaßen fröhlich und ich suchte im Pulk der Schüler immer ihre Nähe.

Genauso wie an jenem Morgen einige Tage später, als ich auf einmal etwas gefragt wurde. „Hey! Bist du der Sohn vom Restaurant? Hey! Wir haben dich etwas gefragt!“ Es dauerte einen Moment, bis ich verstand, dass die beiden wirklich mich angesprochen hatten. Erschrocken hielt ich im Strampeln inne und nahm meinen ganzen Mut zusammen, um meine Schüchternheit zu durchbrechen. „Meintet ihr mit Hey mich?“ - „Ja! Bist du taub oder so?“, schmetterte die Freundin des blonden Mädchens. „Ich heiße nicht Hey und bin bestimmt nicht taub. Übrigens bin ich auch nicht der Sohn eines Restaurants.“ Beide Damen schauten einander an und begriffen nicht sofort meine Antwort auf ihre blöde Anmerkung. „Na und? Was bist du dann?“ - „Ich bin das gleiche wie ihr - ein Kind meiner Eltern. Der Besitzer des Restaurants ist mein Bruder. Seit einigen Jahren lebe ich bei ihm.“ - „Sind deine Eltern tot?“, fragte das Mädchen wieder laut krähend. Mit einem kräftigen Schubs wurde sie von ihrer Freundin auf die Taktlosigkeit ihrer Bemerkung hingewiesen. Und weil der Wind schräg von hinten kam, konnte ich klar und deutlich hören, dass sie sie darauf aufmerksam machte, dass man so etwas nicht auf diese Art und Weise fragte und sie ein blödes Fischweib nannte. Die von mir ohnehin schon von ferne angebetete blonde Schönheit wurde mir immer sympathischer. Sie wiederholte die Frage, aber jetzt deutlich vorsichtiger formuliert, warum ich bei meinem Bruder wohnte. „Ich bin kein Waisenkind, wenn du das meinst“, erklärte ich ihr. „Zum Glück nicht. Meine Eltern wohnen in dem Dorf, wo wir uns jeden Morgen hin quälen.“ - „Aber dann ist es für dich doch viel einfacher, bei deinen Eltern zu wohnen. Dann brauchst du nicht zweimal täglich diese Scheißstrecke zu fahren“, schmetterte die andere wieder. „Höre doch mal mit deinen blödsinnigen Bemerkungen auf. Mach doch mal normal“, ermahnte das blonde Mädchen sie. Zum zweiten Mal wurde die Freche auf ihre beschämenden Bemerkungen hingewiesen und so ging die Zänkerei zwischen den Mädchen noch eine Weile weiter. Danach ließ das Mädchen mit dem großen Maul sich zurückfallen. „Fahr du doch mit Hey, dem Sohn vom Restaurant, zusammen“, schnauzte sie noch. „Achte nicht auf sie. So benimmt sie sich meistens. Etwas plump, aber eigentlich ist sie sehr nett. Wie heißt du?“ - „Ich heiße Hans. Und du?“ - „Sabrina. Und ich wohne neben dem Fahrradhändler. Gelingt es dir, dich bei uns dazwischen zu mischen?“, fragte sie freundlich. „Wir sind ziemlich verschlossen hier in unserer Bauerngemeinschaft.“ - „Ja, das habe ich bemerkt. Die meisten, mit denen wir fahren, kenne ich, aber ein vernünftiges Gespräch hatte ich noch mit keinem. Du bist die Erste.“ - „Vermisst du deine Eltern denn nicht? Ich dürfte gar nicht daran denken von Zuhause weg zu sein. Du passt auch auf Anjas Kinder auf, oder nicht? Ich habe dich schon mal gesehen als ich nach dem Ausgehen zurück nach Hause kam.“ - „So! Da bist du aber gut über mich informiert“, bemerkte ich. Wie gut in diesem Kaff alle über alles Bescheid wussten! „Bevor du das gemacht hast, habe ich da eine kurze Zeit babygesittet. Aber dann wurde mir ein anderer kleiner Job angeboten und deswegen habe ich bei denen aufgehört. Jetzt kann ich samstags ausgehen.“ Plötzlich mussten wir unsere Fahrt unterbrechen, weil einem der vorfahrenden Schüler die Schultasche heruntergeglitten war und ich nutzte die Gelegenheit, ihr Gesicht zum ersten Mal länger anzuschauen. Sie hatte ordentliche Röte auf ihren Wangen. Die langen, glatten und fast weißen Haare wirbelten vor ihren Augen entlang. Sie hatte eine niedliche kleine Nase, normale Ohren und volle Lippen. Nichts zu bemängeln! Als wir wieder auf unseren Fahrrädern saßen, fing sie zu erzählen an. „Einmal im Monat wird ein Jugendtreff im Dorfgemeinschaftshaus veranstaltet. Nur Mädchen und Jungs zwischen fünfzehn und achtzehn werden hereingelassen." - „Aber das bist du doch noch gar nicht?", fragte ich sie neugierig und laut, weil gerade ein vorbei fahrender LKW uns störte. „Nächstes Jahr werde ich fünfzehn, aber weil ich älter aussehe, darf ich meistens herein." Bei einem Seitenblick auf ihren prunkvollen Busen konnte ich glauben, dass manchmal ein Auge zugedrückt wurde. Verwundert stellte ich fest, dass wir schon die Auffahrt zu ihrer Schule erreicht hatten, die Fahrt war so schnell vorüber gegangen. „Ich biege hier gleich ab... Sag mal, hast du Lust, nächsten Samstag zum Jugendtreff mitzukommen?" Ich erschrak. Eine Einladung! Was sollte ich jetzt sagen? Ich konnte nicht so schnell antworten „Ich würde wohl... aber ich denke, dass ich nicht vom Babysitten wegkomme. Das war schon versprochen." - „Gibst du mir Bescheid?", fragte sie im Abdrehen in die Einfahrt zu ihrer Schule. Noch einmal schaute sie sich zu mir um und winkte freundlich. An ihrer Mundbewegung konnte ich sehen, dass sie „bis Morgen" rief. - „Ja, bis Morgen", sagte ich leise. Das war meine erste Begegnung mit Sabrina.

„Wenn es wirklich so regnet, wie es sich anhört, dann wird mein morscher Regenanzug an diesem Morgen mal so richtig geprüft", dachte ich am nächsten Tag nach dem Aufwachen. Vorsichtig schob ich meinen Schlafzimmervorhang zur Seite und schaute mir die mit Regentropfen bedeckten Fenster an. Das frische Himmelswasser wurde tonnenweise aus den dunklen Wolken heraus gekippt und so wie es aussah, würde das noch lange nicht aufhören. Ich war bereits wach, schon weit bevor der Wecker klimpern sollte. Die ganze Nacht war es stürmisch gewesen und manchmal hatte ich gespürt, wie der Wind unter der Tür meines Zimmer herein säuselte. Kurz dachte ich an die Bemerkung der frechen Freundin von Sabrina. Bei diesem Wetter wäre es tatsächlich angenehmer gewesen, bei meinen Eltern zu schlafen. Die fünf Minuten, die sie von meiner Schule entfernt wohnten, standen in keinem Verhältnis zu der dicken halben Stunde Fahrradfahren unter diesen grausamen Wetterbedingungen. Jeder war noch im Tiefschlaf und hielt sich an seiner Bettdecke fest. Sogar die Kinder meines Bruders hatten Mühe, bei diesem Wetter früh aus ihren Betten zu kommen. Und so drehte auch ich mich noch einmal um und dachte, wie eigentlich seit gestern Morgen ununterbrochen, wieder über die Unterhaltung mit Sabrina nach. Ich konnte ihre Einladung einfach nicht einordnen. Ich war noch gar nicht auf ein Date mit einem Mädchen eingestellt. Aber wenn ich wirklich nicht hingehen wollte, sollte ich mir dann eine Ausrede ausdenken? Aber lügen mochte ich nicht. Also blieben mir nur zwei Möglichkeiten: Einfach zu sagen, dass ich mitkomme - oder eben nicht. Irgendwie aufregend fand ich das ja schon und einen echten Grund, abzulehnen, hatte ich nicht. Zwar musste ich Bas und Pim hüten, aber das war erst abends um zehn Uhr. In der Zeit davor konnte ich eigentlich wohl hingehen. Nachdem ich mich gewaschen und angezogen hatte, stellte ich im Wohnzimmer die alte Heizung schon mal höher, damit es sich angenehmer anfühlte, wenn der Rest der Familie aufwachte. Gleichzeitig schaute ich durch die vollgeregneten Fenster vom Dachausbau zu der Straßenkreuzung und war geneigt, die Tropfen davon abzuwischen. Unter der orangen Beleuchtung der Straßenlaternen auf der Kreuzung waren nur Schemen zu sehen. Gesichter konnte ich nicht ausmachen. Selbst wenn Sabrina mit ihren blonden Haaren dabei stand, konnte ich sie bei diesem Wetter nicht erkennen. Ganz leise lief ich die Treppe herunter. Unten in der Restaurantküche nahm ich vier belegte Brötchen aus einem vollen Karton, die für einen Empfang am Nachmittag bereit standen. Der Bäcker vor Ort besaß einen Schlüssel von der Hintertür und konnte so seine Ware frühmorgens anliefern. Manchmal kam ich dem baumlangen Mann entgegen, grüßte ihn dann freundlich und bemerkte, dass er schon wieder so früh tätig war. Worauf er mit einem

breiten Lachen auf seinem Gesicht und mit erhobenem Zeigefinger antwortete: „Nur ein früher Vogel fängt den Wurm.“ Erst viel später verstand ich diesen Spruch.
Bevor ich nach draußen ging, fuhr ich dem kleinen schwarzen Pudel der Familie noch schnell über den Kopf, zog den Reißverschluss meiner Regenjacke so hoch wie möglich und trat in das schlechte Wetter hinaus. Schon der kurze Abstand zur nebengelegenen Scheune reichte aus, um ohne Regensachen völlig durchnässt zu sein. Mein Fahrrad stand wie immer vorne. Das alte große Tor der Scheune schloss schlecht und die anderen würden auch bald aufstehen. Also machte ich mir nicht die Mühe, es zuzuschieben und konnte im Schuppen auf mein Fahrrad steigen und wegfahren. Endlich kam ich zur Kreuzung, dem Treffpunkt der Schüler, wo die letzte Gruppe gerade weggefahren war. Eine einzelne Person harrte noch im strömenden Regen aus. „Fährst du mit oder wartest du noch auf jemanden?“, fragte ich durch das Pfeifen des Windes mit lauter Stimme. Erst als ich zu ihr aufgeschlossen hatte, erkannte ich sie. Sabrina schaute mich mit nassen Gesicht an. Sie war mit vielen Regentropfen übersät, als ob Lichter am Weihnachtsbaum funkelten. „Ich habe extra auf dich gewartet“, rief sie. „Hast du noch mal über die Einladung nachgedacht?“ - „Ja klar. Ich hab nur daran denken können.“ - „Und?“ - „Ich bin noch gar keine fünfzehn,

vielleicht komme ich gar nicht herein…und ich habe auch noch nie getanzt. Vielleicht kann ich das gar nicht." - „Also nein?", fragte sie. In ihrer Stimme hörte ich eine leichte Enttäuschung. Gerade jetzt, wo sie doch auf mich gewartet hatte, konnte ich es nicht übers Herz bringen, sie zu enttäuschen. „Doch, natürlich! Ich komme, bis ich aufpassen muss, okay?" Sabrina lachte, drehte sich zu mir und gab mir plötzlich einen Kuss auf meine nasse Wange. Da hatte ich mir ja etwas aufgehalst! Aber ich fand es wahnsinnig spannend.

Oktober 2009

Ein sehr wichtiger Tag in meinem Leben begann mit einem unerwarteten Ereignis. „Papa! Pappie?“ War das meine Tochter? Sie war vor einem Jahr mit ihrem Freund zusammengezogen und wohnte in der Nähe. Warum war sie an diesem Morgen schon so früh bei uns? „Was für eine schöne Überraschung so früh am Morgen. Möchtest du mit uns frühstücken?“, fragte ich sie vom oberen Treppenabsatz, die Rasierseife noch halb im Gesicht. „Ja, das auch. Aber ich habe eine Überraschung für dich. Wir kidnappen dich heute.“ Während des Frühstücks wurde ich über das, was meine Tochter ausgeheckt hatte, informiert. Eine geliebte Nichte war mittlerweile auch eingetroffen; sie hatte für die geplante Entführung extra einen Tag frei genommen. Keine Stunde später waren wir Richtung Westen unterwegs. Ich beteiligte mich kaum an den Gesprächen und Scherzen zwischendurch, ich war so nervös, dass meine Knie zu zittern begannen, als wir in den Kieselpfad zu unserem Ziel einbogen. Eine charmante und herzliche Frau öffnete uns die Tür, jemand, dem man ohne Scheu seine ganze Lebensgeschichte beichten konnte. Während ich sie neugierig betrachtete, fragte ich mich ob es diese Frau sein würde, die meine wichtige Entscheidung besiegeln sollte.

Auf Empfehlung des altmodischen Psychiaters mit der gepunkteten steifen Fliege hatte ich meine Verwandten ein paar Wochen zuvor über meine transgender Gefühle

informiert. Und nun hatte meine Tochter mit Laras Zustimmung diesen Termin organisiert: Eine Umwandlung auf Probe. Unsere Gastgeberin, Tessa, sollte mich, zumindest äußerlich, in eine Frau verwandeln. Für Lara war es nicht das erste Mal, dass sie mich in Damenkleidern sehen würde. Sie wusste von meinen Verkleidungen und einige Male war es passiert, dass sie mich darin antraf. Jedes Mal war es für sie ein schrecklicher Anblick. Es war nicht so, dass sie mir meine glücklichen Momente nehmen wollte, aber sie sah es lieber nicht. Heimlich wünschte sie sich, dass meine Umwandlung nie Wirklichkeit werden würde. Aber sie wusste auch, nach allem Leid welches wir zusammen erlebt hatten, dass ich meine Last nicht länger tragen konnte und etwas geschehen musste. Sie war mit meiner Metamorphose an diesem Tag einverstanden, wusste aber auch ganz genau, dass meine Entscheidung dadurch weiter gefestigt werden konnte.
Nachdem wir einen Kaffee getrunken und ein bisschen geredet hatten, schlug Tessa vor, in ihr Atelier zu gehen. „Entspann dich und genieße alles“, sagte sie während sie mir lieb über meinen Rücken strich. „Heute soll ein fabelhafter Tag für dich werden.“ - „Das kann sein, aber ich bin richtig steif vor Nervosität. Es ist für mich grausam spannend.“ Lara hatte sich vorgenommen, diese erste umfassende Transformation nicht erleben zu wollen, also blieb sie mit unserer Nichte in Tessas gemütlicher Küche zurück. Ich hatte völliges Verständnis für

ihren Entschluss und respektierte ihre Gefühle. Meine Tochter stand mir bei, eine Kamera im Anschlag. Voller Spannung nahm ich in einem richtigen Kosmetikstuhl meinen Platz ein, bekam letzte Anweisungen und wenig später bekam mein Gesicht unter Tessas tüchtigen und raffinierten Fingern mehr und mehr einen weiblichen Ausdruck. Es gab mir ein wahnsinniges Gefühl, als ich sah, wie ich mich langsam veränderte. Ein besonderer Kick war die hübsche Damenperücke. Geschickt frisierte Tessa „meine" Haare zu einer flotten Frisur. Völlig verblüfft bewunderte ich mich im Spiegel. Man konnte mein männliches Gesicht fast nicht mehr erkennen. Ich sah komplett weiblich aus. Voller Spannung begann ich, meine Männerklamotten in einer provisorisch eingerichteten Umkleidekabine gegen feminine Kleidung zu tauschen, nur noch wenige Minuten entfernt von der Reaktion meiner Liebsten. Mein Mund fühlte sich richtig trocken an, aber trotzdem musste ich ein paarmal schwer schlucken. Ich konnte meine Augen nicht vom Spiegel lassen und konnte wahrhaftig erkennen, dass ich gar nicht schlecht aussah. Endlich öffnete ich den Vorhang. „Meine Güte Papa! Du siehst als Frau hübscher aus, als als Mann", rief meine Tochter, nachdem sie mich von oben bis unten fotografiert und aufmerksam bestaunt hatte. „Wirklich erstaunlich. Ich weiß, dass du es bist, aber du bist kaum wiederzuerkennen. Ich bin richtig beeindruckt." Ich fühlte Erleichterung aufsteigen und begann zu lächeln. „Hast du Angst vor Laras Reaktion,

Hans?", fragte Tessa, nachdem meine Tochter das Zimmer verlassen hatte, um Lara und meine Nichte zu holen. „Ich kann nicht sagen, dass ich Angst habe. Ich finde es einfach so schwierig für Lara. Für sie ist es ein immenser Schritt, mit meiner Umwandlung leben zu müssen. Sie hat sich damals einen Mann zum Heiraten gewählt. Ich habe ganz viel Angst, sie durch meine Entscheidung zu verlieren." - „Das kann ich mir ganz gut vorstellen. Deine Entscheidung kann tatsächlich weitreichende Konsequenzen für euch beide haben. Aber so, wie ich eure Situation während des Kaffeetrinken begriffen habe, kann ich dir nur Mut machen." - „Weißt du was, Tessa? Wenn Laras Reaktion wirklich positiv ist, bin ich meinem wichtigsten Schritt so viel näher gekommen", erklärte ich ihr ernsthaft. „Hör mal her, Hans. Aus Erfahrung weiß ich, dass keine Partnerin jubelt, wenn sie so etwas erleben muss. Aber Lara wird sicher ihre ehrliche Meinung abgeben." Meine Augen konnten sich von meiner neuen Erscheinung in der großen Spiegelwand kaum lösen. Ich wusste auch nicht gut, welche Haltung ich annehmen sollte. Oder wo ich meine Hände lassen konnte. Ich war so nervös, weil Lara bald herein kommen würde. Als sie dann endlich vor mir stand, begutachtete sie mich mit einem zurückhaltenden Blick, so wie es von Tessa vorausgesagt worden war. Gespannt wartete ich auf ihre Antwort und schaute einstweilen zu meiner Nichte, die hinter Lara stand und mich mit geöffnetem Mund verblüfft bestaunte. „Was bist du schön",

sagte sie, nachdem sie mich etwas länger und eindringlicher angeschaut hatte. Das beruhigte mich, aber eigentlich wartete ich jetzt nur noch auf Laras Reaktion. „Na", sagte diese plötzlich. „So schlecht sieht es gar nicht aus. Schön werde ich es nie finden, aber es geht." - „Wirklich", fragte ich sie erfreut und ehrlich gesagt erstaunt. Ich hatte eigentlich mit totaler Ablehnung gerechnet. War dies der Tag, an dem ich einen Entschluss fassen und alles Weitere in die Wege leiten würde?
Meine Frau bemängelte meinen Kleidungsstil. „Daran müssen wir aber arbeiten!", kündigte sie an. Alles was sie wollte! Ich fühlte mich formidabel. Zum allerersten Mal in meinem Leben würde ich mich jetzt als Frau in der Öffentlichkeit zeigen. Endlich hatte ich über meine jahrelange Scham gesiegt. Wir stiegen ins Auto und steuerten einen Supermarkt an, in dem ich mich absichtlich ganz hinten in die längste Schlange an der Kasse einreihte. Aufgeregt wartete ich auf Reaktionen der Wartenden und der Kassiererin. Aber da passierte nichts. Gar nichts. Keiner, der mich merkwürdig anguckte und sich etwas fragte. Selbstsicher und freudig erregt verließ ich den Supermarkt und schwang die Einkaufstüte fröhlich hin und her. Draußen stieß ich leise einen Freudenschrei aus, lief zurück zum Auto und setzte unsere Fahrt in Richtung Zuhause fort. Meine Entscheidung stand fest: „Nach dem heutigen Tag werde ich die Kreuzung des Psychiaters mit voller Geschwindigkeit überqueren."

Henni, meine zweite Mutter

Im Alter von **vierzehn** Jahren

Die letzten Gläser waren abgetrocknet, die Theke war sauber und schon wieder für den nächsten Abend aufgefüllt. Eine mittelgroße Goldhochzeit war frühzeitig zu Ende gegangen. Das betagte Ehepaar hatte neben seinen eigenen Kindern überwiegend ältere Gäste eingeladen, die recht zeitig heimwärts wollten. Meistens waren Henni und ich als letzte in einem der Säle und ich stand ihr zur Seite, bis alles wieder picobello war. Die Stille vorne im Café meldete, dass auch dort alle Gäste bereits gegangen waren. Der Kellner, der an diesem Abend Dienst hatte, stand im Ruf, zu den Gästen unfreundlich zu sein. Für die Clique fester Trinker war es deswegen anscheinend nicht gesellig genug und so hatte sie ihr Glück in einer Kneipe etwas weiter im Dorf gesucht. Gruselig still und dunkel war es, wenn man von der noch beleuchteten Theke durch die großen verlassenen Säle in die Finsternis hineinschaute. Vor allem in solch späten Momenten hatte das Riesengebäude einen angsteinjagenden, halloweenartigen Charakter. „Trinken wir oben gleich noch etwas Warmes", fragte Henni, während sie mit einem kleinen Scheuerschwamm kräftig die Arbeitsfläche der Bar scheuerte. „Oh, sehr gerne. Mir ist scheußlich kalt. Dir nicht?", antwortete ich. „Ja, das kann auch nicht anders, alle Türen stehen sperrangelweit auf. Wenn du schon mal die Mülleimer in den Abfallcontainer leerst, wische ich den Boden hier. Dann sind wir gleichzeitig fertig. Einverstanden?" - „Klar, das ist gut", antwortete ich und zog die übervollen und langen Eimer mit Müll hinter mir her. Durch meine noch geringe Körpergröße konnte ich die langen Metalleimer kaum tragen und musste sie ab und zu hinstellen. Wackelig lief ich zum Container, der hinter dem Gebäude stand und bemerkte da zuerst, wie kalt und dunkel es schon war. Als ich zurückkam, stand der Eimer mit sauberem Wischwasser noch unberührt am Eingang der Bar. Henni war zum Café gegangen, um auch da die Türen zu verschließen. Der verdrossene Kellner hatte seine Kasse gezählt und Feierabend gemacht. Nach ein paar Minuten kehrte sie zurück. Sie trug die Schublade der Kasse unter ihrem Arm und einen großen Schlüsselbund in der Hand. „Oh, hast du schon gewischt?", fragte sie. „Super. Je schneller wir nach oben kommen, umso besser. Ich hoffe nur, dass dein Bruder die Heizung angelassen hat, bevor er weggefahren ist, sonst ist es da auch eiskalt." Henni verschloss die letzte Tür. Ich sah, dass sie zitterte, als sie zurück lief und fragte mich, ob das von der Kälte oder von dem unheimlichen Gedanken kam, dass es für ihren Mann allmählich eine Gewohnheit geworden war, fast jeden Freitagabend irgendwo einen trinken zu gehen. Sie hat es mir nie erzählt und ich werde es wohl nie erfahren. „Er ist zusammen mit meinem Bruder irgendwo ein Bierchen trinken", sagte sie, wenn ich sie fragte, wo er war. Mein Bruder hatte mir irgendwann einmal gesagt, dass es vernünftiger war, sich auswärts zu betrinken, damit es im Dorf kein Gerede gab. Oft traf ich ihn erst am nächsten Tag spät nachmittags wieder, wenn er sich am Stammtisch hinter der Morgenzeitung versteckte und seinen Durst mit einem starken Kaffee löschte. Ebenso wie mein Schwager, der Postbote, war auch Henni sehr plötzlich in meinem jungen Leben aufgetaucht. Beide Paare hatten wegen ungeplanter Schwangerschaften schon nach kurzer Kennenlernzeit früh geheiratet. Ich mochte Henni sehr gerne. Die Wochenenden, an denen ich nicht auf kleine Kinder aufzupassen brauchte, faszinierten mich am meisten. Vor allem so eines, wenn Henni und ich zusammen die letzten Sachen nach einer Feier aufräumten und während der Arbeit gemütlich über viele Dinge quatschten. Bei mir kam es so rüber, als ob Henni diejenige war, die die Übersicht hatte und die Organisation des Betriebes übernahm. Jemand der die Schnüre sehr fest in ihren Händen behielt. Viel mehr als ihr Mann kümmerte sie sich um die vielen unterschiedlichen Anliegen der Angestellten und besprach und plante Veranstaltungen und Einkäufe. Und trotz ihres stressigen Lebens behielt sie immer freundlich die Führung. Bewundernswert wuchs sie mit dem immer größer werdenden Geschäft mit. Nachdem wir auch die Küche inspiziert hatten, ob alle Geräte ausgeschaltet waren, stiegen wir müde die Treppe zum Wohnraum hinauf. Der Geruch der alten Gasheizung kam uns bereits entgegen und signalisierte, dass mein Bruder sie angelassen hatte. „Und, was nehmen wir, Kaffee, Tee oder doch ein Gläschen von etwas, was uns besonders schnell wärmt?" Sie fragte es mit einem Lächeln und wusste, dass ich kein Gläschen wählen würde. „Ich werde einen Tee mit Honig machen", sagte sie, während sie einen kleinen Kessel auf das elektrische Kochgerät stellte. „Ziehe mir aber erst schnell etwas Bequemeres an. Ich bin gleich wieder da. Achtest du inzwischen auf das Wasser?" Während das Wasser in dem kleinen, emaillierten Kessel langsam zu köcheln anfing, nahm ich die Gläser für den Tee, legte ein paar gefüllte Kekse auf einen Teller und stellte sie zusammen mit den Gläsern auf ein Tablett. Danach zündete ich ein paar kleine Kerzen an, während ich Henni in ihrem Schlafzimmer direkt neben der Küche rumoren hörte. Auf einmal musste ich an meine letzte Verkleidung denken, die ein paar Tage zurück lag. Gleich um die Ecke stand der Schubladenschrank mit den beiden Styroporköpfen, auf die die Damenperücken gesteckt waren, die ich immer öfter für mein Erlebnis benutzte. Nachdem ich mir eine der Perücken aufgesetzt hatte, war ich mit Herumschnüffeln in Hennis Schminketui angefangen. In letzter Zeit hatte ich immer öfter daran gedacht, während einer Verkleidung, meinem Gesicht ein noch weiblicheres Aussehen zu geben. Heimlich hatte ich am Abend etwas Make-up und Rouge aufgetragen, wobei das kleine Glastöpfchen mit Rouge aus meinen Händen glitt und im Waschbecken auseinanderplatzte. Ich fing am ganzen Körper an zu schwitzen, als ich sah, was für ein Chaos das gab. Die Schmiererei auf und im Waschtisch musste Henni bemerken. Wie sollte ich das erklären? Mit zitterigen Fingern fing ich vorsichtig an, die Glasscherben mit Kosmetiktüchern zusammen zu kehren. Das Puder und den Rest der Glassplitter spülte ich mit Wasser weg. Ich rieb so lange durch das Waschbecken, bis es wieder einigermaßen sauber war und mein Missgeschick hoffentlich nicht auffallen würde. Völlig bestürzt wurde mir klar, dass ich mich am nächsten Tag schleunigst auf die Suche nach einem neuen Rouge für meine Schwägerin machen musste. Ich drapierte das Haarstück wieder zurück auf den Schrank und entfernte das Make-up von meinem Gesicht. Als letztes bevor ich das Schlafzimmer verließ steckte ich das Rougeetikett, das ich von den größten Splittern abgepellt hatte, in meine Hosentasche. Mein Glücksmoment war an diesem Abend jäh unterbrochen worden. Ich musste noch vorsichtiger sein! Ich nahm allmählich zu viel Risiko auf mich. Offensichtlich war mein Wunsch, ein Mädchen sein zu wollen, zu fanatisch geworden, ohne dass ich das gemerkt hatte.

Henni kam in einem unansehnlichen Hausanzug zurück. Die Hose hatte eine fahle grüne Farbe und die Jacke war ekelhaft türkis. In ihrer Hand trug sie eine große Teekanne. Offensichtlich hatte sie sich auch erfrischt. Ein viel zu starker Geruch von Vanille kam mir entgegen und ich konnte mich nicht beherrschen: „Mann Henni, ich mag Vanille ja ganz gerne, aber ist das nicht etwas übertrieben? Du musst wohl aufpassen, dass du in Kombination mit der Gasheizung keine chemische Reaktion auslöst. Sonst fliegt uns hier alles um die Ohren und man wird uns auf der anderen Seite des Dorfes wiederfinden." - „Sehr charmant bist du heute Abend. Möchtest du den Tee lieber über dir ausgeschüttet haben, oder was?" Henni schenkte den Tee ein und stellte die warmen Teegläser auf den Tisch bevor sie sich neben mich auf die Couch setzte. „Diese Woche war ein Vertreter im Café und sprach mich an. Obwohl ich ihn nicht kannte, wusste er, wer ich war, jedenfalls behauptete er das. Er handelte mit Parfums und trug einen Koffer mit kleinen Flakons bei sich, aber nachdem er ihn geöffnet hatte, fiel mir sofort auf, dass jeder Flakon ein ähnliches Aussehen hatte und ein Etikett mit Vanille enthielt. Der Typ leierte eine lange Geschichte herunter und behauptete, dass er anhand des Charakters eines Menschen bestimmen konnte, welches Parfum am besten zu der Person passte. Dann schaute er mir mit seinen glatten, nach hinten gestriegelten Haaren angsteinflößend tief in die Augen und verkündete, dass er genau das Richtige für mich hätte." - „Lass mich raten. Vanille?", warf ich ein. „Ja, genau das gleiche habe ich zu ihm auch gesagt. Der Idiot nahm einen ovalen Flakon aus seinem Koffer, sprühte mir eine ordentliche Portion in meinen Nacken und meinte schleimig, dass das genau zu mir passen würde." - „Dem hätte ich eine gegeben", rief ich. „Ach, das traut man sich im richtigen Moment leider meistens nicht. Aber ich hätte es eigentlich tun müssen. Jedenfalls habe ich ihm erklärt, dass ich ihm kein Wort glaubte, und dass er verschwinden sollte. Aber er meinte nur, dass das Parfum eine Zeit auf der Haut sein müsste, dann entfaltete es erst so richtig seine Wirkung und hätte einen fabelhaften Duft." - „Oh", sagte ich lachend. „Dann müssen wir wohl noch etwas warten. Vielleicht verschwindet der Stinkgeruch dann endlich." Henni schaute mich an, als ob ihr erst jetzt bewusst wurde, dass das Parfum wirklich ekelhaft war. „Du hast dem das echt abgenommen? So ein Flakon wird doch außerdem bestimmt ein Vermögen gekostet haben." - „Na, das ging noch. Eigentlich sollten zwei Flakons achtzig Gulden kosten, aber jetzt gab es einen speziellen Einführungspreis von fünfundzwanzig Gulden." - „Und das hast du ihm geglaubt, du hast wirklich zwei davon gekauft?" Ich bekam immer mehr Spaß an Hennis Blödheit. „Ja, aber immerhin habe ich noch etwas gehandelt und drei Flakons für das gleiche Geld bekommen.“ Ein paar Sekunden wurde es still. Ich schaute sie entsetzt an und prustete dann los. Henni nahm ihr Teeglas vom Tisch und trank vorsichtig ein paar Schlucke von dem noch heißen Tee. „Na ja, so richtig wohl war mir auch nicht dabei. Nachdem ich ihm das Geld überreicht hatte, sagte ich ihm, dass er jetzt mal richtig schnell abhauen sollte. Ich vertraue deiner Sache nicht, habe ich ihm gesagt. Als er endlich ging, sah ich, dass seine Hose viel zu kurz war und er wahrlich zwei unterschiedliche Schuhe trug, und bevor er zur Tür raus ging, drehte er noch einmal um und nahm seinen Kaffeekeks vom Tellerchen. Etwas später sah ich ihn auf einem Damenfahrrad vorbei fahren.“ Ich musste über Hennis Geschichte richtig lachen, erst recht, als sie erzählte, dass wenig später die Nachbarin aufgebracht ins Café gekommen war. Ihr Fahrrad war gerade geklaut worden...

„Aber sag mal, Hans. Stinkt es wirklich so fies?“ - Na ja, wenn du diesen hässlichen Hausanzug dazu anziehst, ist die Kombination perfekt.“ - „Jetzt reicht´s aber, du kleiner, frecher Rotzbengel... Übrigens was fehlte dir heute Abend eigentlich? Du warst ziemlich still beim Aufräumen, hast nicht gepfiffen und auch nichts erzählt.“ - „Diese Woche habe ich ein Mädchen kennen gelernt“, erzählte ich ihr. „Sie fährt fast jeden Morgen mit uns in zur Schule, zusammen mit einer Freundin. Sie hat mich für Morgen eingeladen zu einem Abend im Gemeinschaftshaus. Einmal im

Monat treffen sich da Jugendliche zwischen fünfzehn und achtzehn Jahren." - „Bist du doch noch gar nicht." - „Sie auch nicht, aber sie meinte, sie käme immer rein und würde mich mitnehmen." - „Und deswegen warst du heute Abend so still?" - „Ja, ich weiß doch gar nicht, was ich da machen muss. Tanzen und so." - „Aber du gehst hin, oder?" - „Ja, ich habe es ihr schon versprochen, nachdem sie heute Morgen im strömenden Regen extra auf mich gewartet hat." - „Na, dann hoffe ich mal, dass es ein schöner Abend für dich wird. Ich meine, Sabrina kennt hier wirklich alle, nicht, dass sie dich da alleine stehen lässt und mit anderen flirtet!" Hennis Warnung und ihr Versuch, mich zu schützen, passten dazu, dass ich schon länger das Gefühl hatte, dass sie mir beibringen wollte, wie ich mein Leben meistern konnte. Immerhin war sie dreizehn Jahre älter als ich und hatte dementsprechend mehr Erfahrung. Ich spürte, dass sie es gut mit mir meinte. Als ich abends noch auf ihre Kinder aufgepasst hatte, hatte sie diese zum Abschied immer geküsst und mir auch einen dicken auf die Wange gedrückt. Das war mehr liebe mütterliche Zuwendung, als ich sie bei meiner eigenen Mutter je erfahren habe. Ich fühlte mich wirklich wohl bei ihr.

10. Juni 2010

Die „Friedensstadt" Münster hatte für mich inzwischen die gleiche Bedeutung, wie für die Bevölkerung von vielen europäischen Ländern vor hunderten von Jahren. Für sie bedeutete diese Stadt den Frieden, der im Jahre 1648 hier nach dreißig elenden Jahren Krieg endlich besiegelt wurde. Für mich näherte sich hier das Ende meines vierzig Jahre andauernden Elends als Mann.
Nach meinen ersten wunderlichen Besuchen bei zwei dubiosen Ärzten hatte ich geschwind zwei andere Telefonnummern, die ich ebenfalls von meinem Hausarzt bekommen hatte, angerufen. Es waren eine Psychologin, ein Psychiater und ein Urologe, alle ungefähr gleichen Alters und seit Jahren renommiert in der Betreuung von transgender Personen. Mit großer Zufriedenheit ging ich schon seit einem halben Jahr zur den freundlichen Fachfreaks und genoss deren Unterstützung und Aufmerksamkeit. Nachdem beide Ärzte übereingekommen waren, dass eine Geschlechtsumwandlung für mich das einzig Richtige war, wurden mir an diesem 10. Juni 2010 die lang begehrten Hormone verschrieben und zeitgleich die Kostenübernahme für die endgültige Geschlechtsoperation und die Laserbehandlung für die Entfernung meiner Gesichtshaare bei der Krankenkasse beantragt. Mit einem zwiespältigen Gefühl fuhr ich an diesem Mittag nach meiner Sprechstunde bei dem Psychiater zurück nach Hause, das Rezept und die Anträge neben mir

auf dem Beifahrersitz. In einem Moment war ich der glücklichste Mensch auf der ganzen Welt. Keine zehn Kilometer weiter musste ich notgedrungen mein Auto anhalten, da dicke Tränen über meine Wangen rollten. Tränen über die für mich so erfreulichen Entwicklungen, die ich noch meiner lieben Lara beibringen musste. Die vielen Gespräche bis zur endgültigen Entscheidung hatten uns beide verunsichert. Auf einmal hatten wir es mit einer unklaren Zukunft zu tun. Wir wussten nicht, wie es weiter gehen würde und ob unsere dreißigjährige Ehe standhalten würde. Durch meine Umwandlung würde nur einer das Glück finden, und das war ich. Lara würde mit einem heftigen Verdruss und einem gebrochenen Herzen zurück bleiben. Meine Angst, sie zu verlieren, entwickelte einen immer größeren Einfluss. Immer öfter gab es erbärmliche Nächte, in denen ich ratlos schreiend und weinend aus meinem Bett ins Wohnzimmer flüchtete. Aber es dauerte meist nicht lange, bis Lara mir folgte. „Wir werden das gemeinsam schaffen", machte sie mir immer wieder Mut.

Ich ließ das Rezept noch ein paar Tage auf dem Schrank liegen, damit Lara sich halbwegs an den Gedanken gewöhnen konnte.

Danach fuhr ich zur Apotheke und überreichte den Zettel stolz der Apothekerin, von der ich eigentlich eine verwunderte Reaktion erwartete, weil die Hormone auf meinen männlichen Namen ausgestellt waren. Erstaunlicherweise gab sie mir die beiden kleinen Schachteln, ohne ein Wort darüber zu verlieren. Glückselig verließ ich die Apotheke. Nun lagen die Schachteln noch ein paar Tage auf dem Schrank, bis ich nicht länger abwarten konnte. Endlich begann ich jetzt auch äußerlich mit meiner Umwandlung!

Schon nach knapp drei Wochen bemerkte ich ein angenehmes Kribbeln um meine Brustwarzen herum. Nicht viel später war meine Libido bis auf den Nullpunkt gesunken. Es würde mir nicht länger gelingen, meinen verabscheuten Pimmel auch nur zu einer minimalen Erektion zu bringen. Die Umwandlung hatte unumkehrbar eingesetzt. Da wo ich immer haarig gewesen war, verringerte sich die Dichte ganz schnell. Dagegen entdeckte ich auf meinem schon seit Jahren kahlen Kopf leichten Wuchs von flauschigen Babyhaaren, aber leider blieb es dabei. Nur Bart- und Schnurrbarthaare weigerten sich, zu verschwinden, sodass ich noch jeden Morgen gezwungen war, mich zu rasieren, um mein Gesicht glatt und weiblich aussehen zu lassen. Meine Kraft nahm mit einer riesigen Geschwindigkeit ab und ich wurde schneller müde. Mit großem Vergnügen bereitete ich mich auf den Abschied von meinem männlichen Körper vor. Ganz langsam verformte sich dieser nun auch. Da, wo vorher kräftige Muskulatur zu sehen gewesen war, entstanden jetzt Fettpölsterchen. Die Konturen meiner Hüfte, Beine und meiner Taille wurden gleichmäßig runder und weiblicher. Jeden Morgen und Abend schaute ich mich lange im Spiegel an, um neue, sensationelle Änderungen sehen zu können. Endlich begannen auch meine Brüste zu wachsen! Nach fast vierzig sehnsüchtigen Jahren entwickelten sich wirklich kleine Hügel an der Vorderseite meines Oberkörpers. Für mich waren sie die begehrlichsten, weiblichsten Kennzeichen, die hier nach und nach Gestalt annahmen. Das Ziehen in meinen noch kleinen Brüsten gab mir den Beweis, dass sie sich endlich entwickelten. Leider wuchsen sie nicht bis auf ein luxuriöses C heran, sondern stoppten bei einem B-Körbchen. Aber sie gehörten mir und ich war richtig stolz darauf. Nie mehr brauchte ich einen BH mit Socken oder dem Schaumstoff vom Schulterpolster zu füllen.

Mein Hormonhaushalt stand auf dem Kopf. Die schwierigste Randerscheinung war, dass ich verdammt gut auf meine Ernährung achten musste, um nicht fett zu werden. Bei fast allem, was ich vorher einfach stehen ließ, hatte ich Mühe, meine Finger davon zu lassen und manchmal war mein Heißhunger nicht zu bändigen. Innerhalb von vier Wochen waren die ersten Ergebnisse der Hormonwerte da, die sorgfältig durch den Urologen beobachtet wurden. Mein Testosteronwert war rasend schnell nahe Null gesunken, wogegen der Östrogenwert auf den normalen Wert einer gesunden Frau gestiegen war. In den folgenden Monaten änderte sich mein Körper stetig und ab und zu bildete ich mir ein, dass sich auch mein Charakter veränderte. Ich wurde selbstsicherer, emotionaler und verfolgte leidenschaftlich meine

Änderung. Ganz langsam fing ich an, mich in meinem neuen Leben zurechtzufinden. Auf einmal war da etwas, dass mich so viel glücklicher machte. Ich fühlte, wie meine innere Unruhe von mir herabfiel. Die Unruhe, ein übles Gefühl, das ich jahrelang mit mir herum geschleppt hatte. Viele Jahre hatte ich verplempert. Mit Tagträumen und seltsamen Launen verpasst. Endlich hatten die Verzweiflung und ein Moment von Lebensmüdigkeit mich dazu gebracht, diese Umwandlung zuzulassen und anzustreben.

First Date

Im Alter von **vierzehn** Jahren

Samstagabend - wir erwarteten mal wieder Hochbetrieb und so viel war zu tun, die Thekenschränke mussten aufgefüllt werden, Tische und Stühle in verschiedenen Sälen aufgestellt, Getränkekisten hin- und hergeschleppt und auf den Herrentoiletten die Sitze abmontiert werden. Die Erfahrung zeigte, dass die einen solchen Abend sonst nicht überlebten...

„Hänschen“, rief Buffie, eine der Servierfrauen, plötzlich. „Es ist halb acht. Du musst dich für deine Verabredung fertig machen! Schöne Frauen warten nicht gerne.“ Sie grinste mich fröhlich an und freute sich an meinem Erstaunen. Woher wusste Buffie, dass ich heute abend verabredet war? Und sie war nicht mal die Erste, die mich darauf ansprach. Mann, ich lebte wirklich in einem Kaff!

Mit einem Knoten im Bauch - genervt von der Sozialkontrolle im Dorf und furchtbar unsicher - fand ich mich kurz nach acht Uhr vor der Tür eines modern aussehenden Gebäudes wieder. Die extrem großen Türen des reformierten Gotteshauses passten genau zum Image einer Kirche und sahen wenig nach dem Einlass für einen lustigen Abend der Jugend aus. Da es kalt und windig war, waren sie fest geschlossen und ich musste kräftig ziehen, um sie zu öffnen. Ich trat unvermittelt in einen großen Vorraum, in dem mich eine Menge Jugendlicher neugierig musterte. Am liebsten wäre ich direkt wieder umgedreht, aber in dem Augenblick sah ich Sabrina, deren hochgesteckten blonden Haare und sorgfältig geschminkten Augen kaum zu übersehen waren. Sie begrüßte mich so erfreut, dass ich merkte, dass ihre Begeisterung echt war. Sabrina war jetzt etwas größer als ich. Sie trug dunkelblaue Pumps mit einem mittelhohen Absatz, enge Jeans und darüber ein dunkelblaues, ebenso enges Shirt. Ihre vollen Brüste zeichneten sich ansehnlich darunter und im tief ausgeschnittenen Dekolleté ab. Nur mit Mühe konnte ich meine Augen davon ablassen und suchte nach einem unverfänglichen Gesprächsthema. „Ist dir nicht kalt, nur so in einem T-Shirt?" - „Ja, eigentlich wohl. Kann man das sehen?" Ich verstand nicht, was sie damit meinte. Aber dann fielen meine Blicke wieder auf ihren prachtvollen Oberkörper und ich sah, dass ihre Brustwarzen sich aufgerichtet hatten und durch den Stoff piekten. „Sehen die nicht schön aus", fragte sie verzückt und sah mich gleichzeitig mit einem verführerischen Lächeln an. Ich war vierzehn. Ich hatte wirklich keine Ahnung, wie ich auf ihre unverblümte Anmerkung reagieren sollte. Befangen lächelte ich sie an. Es tat unglaublich gut, in ihrer Gegenwart zu sein und ein heimliches Verlangen zu spüren, ihre Brüste vorsichtig berühren zu dürfen. Langsam kam in mir eine ungeheure Begierde hoch. Eine Begierde, die natürlichen runden

Formen entdecken zu dürfen und so einen Körper, von dem ich schon so lange geträumt und geschwärmt hatte, näher kennen zu lernen. „Und, wie findest du es?“ - „Was?“, fragte ich mit einer Gegenfrage, noch in voller Verzauberung und völlig in Gedanken. Sie deutete um sich. „Gefällt´s dir?“ - „Es ist spannend“, sagte ich ehrlich. „Komm!“, rief sie. „Gehen wir zu der Clique, wo meine Freundin auch steht.“ Sie zog mich an meinen Ärmel und ging hüftwackelnd auf ihren Pumps, über die provisorisch eingerichtete Tanzfläche. Gehorsam folgte ich ihr und schaute mir ihren Körper von hinten an. Plötzlich war da wieder diese eindringliche Erregung in meinem Kopf, als mein Blick zu ihrer breiten Hüfte abschweifte. Mein Verlangen kam wieder hoch, solche Hüften selber besitzen zu dürfen und mich genauso bewegen zu können, wie sie vor mir her schwang.

Der DJ hatte eine beliebte Schallplatte aufgelegt und die Hälfte der Mädchengruppe begann zu tanzen. Auch Sabrina gesellte sich zu der Gruppe, nachdem sie mir ihr Glas in die Hand gedrückt hatte. Ich sah, dass es ihr Spaß machte. Ganz kurz überlegte ich, mich zu den Tanzenden zu gesellen, aber dazu fehlte mir nun wirklich der Mut. Das erste Mal aus und dann auch noch tanzen. Bestimmt sah ich wie ein totaler Schwachkopf aus und alle würden lachen. Ich lümmelte mit dem Glas in meiner Hand herum und war froh als die Schallplatte zu Ende war. Die zwei Stunden, die ich mit Sabrina in dem Gemeinschaftshaus verbrachte, gingen trotz meiner Stümperei ziemlich schnell vorbei. Hauptsächlich redeten wir über die Schule, die Musik, das kleine Dorf, unsere Interessen. Ab und zu fühlte es sich für mich wie der Beginn einer wirklichen Beziehung an. Wegen der lauten Musik mussten wir unsere Köpfe beim Reden zusammenstecken. Und einmal passierte es, dass sich unsere Wangen berührten, was mich außerordentlich entzückte. „Oder hast du vielleicht Lust, mit zum Babysitten zu kommen?“, fragte ich sie, allen Mut zusammennehmend. „Ich bin da alleine, und meistens ist es sehr langweilig.“ Sabrina reagierte unerwartet entzückt und antwortete begeistert, dass sie gerne nachkam. „Bring du die kleinen Monster ins Bett, ich bleibe noch kurz bei meinen Freundinnen und komm so in einer Stunde, okay?“ Das ermutigte mich ungemein und ich drückte ihr tapsig einen schnellen Kuss auf die Wange, bevor ich ging.

Anja saß neben dem älteren ihrer Söhne, der total erkältet war und nur schlecht in den Schlaf kam, auf dem Sofa und fragte mich neugierig über den Abend aus. Wir wohnten einfach in einem Kaff! Irgendwie hatte es sich schon bis zu ihr rumgesprochen, dass ich heute Abend mein erstes Date gehabt hatte. Ich erzählte ein bisschen von der Atmosphäre in dem Gemeindehaus, die eigentlich alles andere als gemütlich war, dass der Abend trotzdem schön gewesen war und dass ich Sabrina hierhin eingeladen hatte. „Darf sie von dir aus kommen? Du hattest mir das beim letzten Mal doch vorgeschlagen." - „Aber klar darf sie das. Wie schön für dich, wenn du dich hier nicht alleine langweilen musst." Anja knuddelte ihren Sohn noch einmal, zog ihre Jacke an, nahm die halbgerauchte Zigarette aus dem Aschenbecher und machte sich auf den Weg. „Macht es euch gemütlich heute Abend und grüß Sabrina von mir." Während ich eine Geschichte vorlas, schlief Pim fast auf dem Sofa ein und ich konnte ihn endlich ins Bett verfrachten. Keine Minute zu früh, denn kurz danach klopfte es. Sabrina war tatsächlich gekommen!

Wir setzten uns nebeneinander auf das Sofa, redeten und schauten unkonzentriert in den Fernseher. Ich war dermaßen aufgeregt! Bildete ich mir das ein oder rutsche Sabrina immer näher zu mir? Hatte sie gerade aus Versehen oder absichtlich mein Bein berührt? Mein Herz klopfte wie wild. Vorsichtig streichelte ich ihre wunderschönen blonden Haare. Die Berührung der Haare erinnerte mich sofort an die Zeit in der Grundschule, in der ich meinen Platz im Klassenraum immer hinter einem Mädchen gesucht hatte. Selten hatte ich der Versuchung wiederstehen können, in den langen Haaren vor mir herumzufingern und Zöpfe zu flechten oder sonst etwas mit den Haaren anzustellen. Offensichtlich war das ganz angenehm, denn die meisten Mädchen hatten nie etwas dagegen gesagt und auch

Sabrina schien meine sanfte Berührung zu genießen. Langsam drehte sie ihr Gesicht zur Seite und schaute mich tief mit ihren großen Augen an. Zum ersten Mal in meinem Leben wurde ich mit voller Passion unvergesslich und intensiv geküsst. Nach einiger Zeit fanden wir uns auf der Couch nebeneinander liegend wieder und plötzlich durfte ich tatsächlich ihre Brüste mit meinen Fingerspitzen streicheln. Für mich begann ein unvergesslicher Moment des Entdeckens. Eine Entdeckungsreise zu einem Mädchenkörper der eigentlich mir gehören sollte. Für mich war es keine anfangende Verliebtheit, sondern eine unstillbare Sehnsucht nach ihrem weiblichen Körper, den ich im wahrsten Sinne des Wortes selber besitzen wollte.

Allzu rasch wurden wir gestört. Die quietschende Wohnzimmertür verriet einen kleinen Eindringling. „Mama?" Ich schaute zu Sabrina und wir brachen gleichzeitig in Gelächter aus. „Mama?" Schnell setzte ich mich auf, knipste die Lampe wieder an, die ich einige Zeit zuvor ausgemacht hatte, und schaute über die Rückenlehne zu dem Jungen, der in sich mit einer Hand die Augen rieb und mit der anderen einen verschlissenen Teddybär hinter sich her zog. „Ich kann nicht schlafen." In meiner Aufregung über Sabrinas bevorstehenden Besuch hatte ich vergessen, Pim seinen Hustensirup zu geben. Sabrina tauchte neben mir auf, nachdem sie ihre Bluse zugeknöpft hatte. „Warum liegt ihr zusammen auf der Couch?", fragte der

Junge neugierig. „Wir suchen kleine Marienkäfer", antwortete Sabrina spontan. „Aber das könnt ihr doch gar nicht im Dunkeln?" - „Doch, das geht schon, aber nur, wenn die eine Taschenlampe mit sich tragen." - „Das ist doof", sagte der Kleine verblüfft. „Ja, das ist auch doof", antwortete Sabrina betrübt. Ihre Stimme klang etwas niedergeschlagen. Sie hatte vor mir realisiert, dass unser gemeinsamer Abend zu Ende war. Und nicht nur das...

Nie wieder ist es zu einer liebevollen Zusammenkunft mit ihr gekommen. Ich verabredete mich noch einmal mit ihr, während ich babysittete, aber wir saßen nur gemütlich nebeneinander und plauderten. Von beiden Seiten wurde die Zuneigung schnell weniger und ein paar Wochen nach unserem letzten Treffen kam sie mir auf der Straße mit ihrem neuen Freund entgegen.

März 2011

Meine Nacht war schrecklich kurz. An diesem Morgen musste ich schon wieder früh raus und weil es am Abend zuvor ziemlich spät geworden war, wusste ich kaum, was meine Vorder- oder meine Hinterseite war, als ich erwachte. Schlaftrunken torkelte ich von meinem Bett aus durch die Dunkelheit ins Badezimmer. Puh! Das wird ganz schön schwer, daraus etwas Weibliches zu kreieren, dachte ich beim Blick in den Spiegel. Ich arbeitete in letzter Zeit zu viel, aber vor allem viel zu lange und mit zu viel Druck. Durch die Einnahme der Hormone, jetzt fast ein Jahr, bekam ich es einfach nicht mehr hin, bei zwölf Stunden Arbeit fit zu bleiben. Jeden Tag spürte ich es mehr und mehr. „Willkommen im anderen Geschlecht, Hanne“, dachte ich und rieb so kräftig mit den Händen über mein Gesicht, als ob ich die Falten heraus streichen wollte. Vorsichtig schob ich den Spiegel beiseite und nahm die Zahnbürste aus dem Ladegerät, bestrich sie mit Zahnpasta und zuckelte damit im Mund zu der Fensterbank, wo ich das Radio leise anschaltete. Anhand das Programms konnte ich davon ausgehen, dass es kurz vor fünf war und, richtig genug, noch bevor ich mit Putzen fertig war, begann eine Nachrichtensprecherin mit eintöniger Stimme die denkwürdigen Erlebnisse der Nacht in den Fünf-Uhr-Nachrichten vorzutragen. Ich stellte die Bürste zurück in den Ständer und nahm den daneben stehenden Rasierpinsel zur Hand. Schon früh in meinem Leben wurde ich zu meinem Bedauern mit Bartwuchs gesegnet und genauso lange rasierte ich mich nun schon jeden Tag mit aller Gründlichkeit, bis das letzte Haar runter war und mein Gesicht sich mädchenweich anfühlte. Ich wollte so etwas gar nicht. Es passte nicht zu mir und ich habe es immer gehasst, sowohl die Haare als auch das Rasieren. Schon vor über einem Jahr hatte ich die Kostenübernahme für eine Laserenthaarung beantragt. Ich konnte es kaum noch erwarten, endlich damit starten zu können, und wurde allmählich etwas mutlos, da mir die Krankenversicherung eine Zusage immer noch vorenthielt. Mir blieb nichts anderes übrig, als durchzuhalten und mich zu fügen. Das gehörte einfach zu dem langfristigen Prozess der Umwandlung dazu. Durchhalten. Alles braucht seine Zeit, aber manchmal hatte ich die Vermutung, dass dieser Antrag so lange lag, um mich von meinem Vorhaben abzubringen. Als ich endlich glatt wie ein Aal war, begann ich mich zu schminken. Einen kleinen Make-up-Schwamm, den ich bekommen hatte, um die Unterlage aufzutragen, hatte ich gleich weggeschmissen. Er würde eine bessere Deckung geben, weil man die Poren tiefer berührte, hatte man mir in der Parfümerie gesagt, aber ich hatte schnell festgestellt, dass der Schwamm vor allem dazu beitrug, dass der kleine Flakon immer im Handumdrehen leer war und hatte meine eigene Methode erfunden, die Foundation mit Zeige- und Mittelfinger gleichmäßig aufzutragen. Sorgfältig zeichnete ich einen dünnen Strich

Eyeliner genau über die Wimpern und meine epilierten Augenbrauen tönte ich mit einem dunkelbraunen Brauenstift, in einer natürlichen Farbe. Danach nahm ich hellfarbigen Lidschatten und verteilte das feine Pulver mit einem kleinen Pinsel genau über dem dunklen Eyelinerstrich. Mit der kleinen Mascarabürste streichelte ich meine Wimpern so lange, bis meine Augen funkelten. Als finishing touch schminkte ich meine Lippen mit einem rosafarbenen Lippenstift. Ich setzte meine schon vorbereitete und gebürstete Perücke auf und gab der Frisur mit meinen Händen den letzten Schliff. Noch einmal betrachtete ich zur Kontrolle beide Seiten meines Gesichtes in den Spiegel. „Du bist eine hübsche Frau, Hanne", sagte ich mir. „Da hat der erste Urologe mächtig falsch gelegen." Mit einem kleinen Lächeln blinzelte ich selbstbewusst meinem Spiegelbild zu, drehte mich um, schaltete das Licht aus und verließ das Badezimmer. Ganz leise öffnete ich die Schlafzimmertür und gab Lara vorsichtig ein Kuss auf ihre Stirn, um sie nicht aufzuwecken. Unten in der Halle streichelte ich unserem Hund noch einmal kurz über seinen Kopf. Mit kleinen Augen schaute er mich von seinem Schlafplatz an. Offensichtlich war es auch für ihn noch zu früh und er machte sich nicht die Mühe, von seinem Kissen aufzustehen. Ich nahm meine Jacke von der Garderobe und begab mich noch mal in die Küche, wo ich mit einem Glas Wasser meine Hormontabletten runterspülte. Kurz darauf fuhr ich in den inzwischen dämmernden Morgen hinein. Auf dem

Weg zur Arbeit. Es würde bestimmt ein unterhaltsamer, arbeitsreicher Tag werden, der mit den Vorbereitungen für das Frühstück von zwei übervollen Sälen hungriger Gäste begann.

Konnte ein Mensch sich glücklicher fühlen?

Pfingsten 1974

Im Alter von **fünfzehn** Jahren

Alle Säle waren an diesem Abend dank des schönen Wetters und der Pfingstfeiertage gerappelt voll. Seit etwa einem halben Jahr herrschte oft eine angespannte Atmosphäre in der Erholungsoase, wie mein Bruder seinen Betrieb mittlerweile nannte. Ob es damit zu tun hatte, dass immer mehr Leute kamen? Oder ob sich die Menge mittlerweile anders benahm? Ob die wachsende Gruppe „woonwagenbewoners" einer nahe gelegenen Wohnwagensiedlung für ärmere Menschen dazu beitrug? Wir hatten keine Ahnung. Aber die gemütliche Hektik der ersten Jahre veränderte sich nach und nach, es wurde unruhiger und wir hatten immer mehr Schwierigkeiten, die Menge im Griff zu behalten und Eskalationen zu vermeiden.

Während der Auftritte von damals berühmten Gruppen wie George Baker, Smokie und Middle of the Road besuchten uns eine Menge Menschen auch aus weit entfernten Gegenden. Ich hatte nun beinahe das Alter, um hinter der Theke mithelfen zu dürfen. Man konnte mich kaum noch davon abhalten. Schon vor langer Zeit hatte ich bekannt gegeben, dass meine Finger juckten und ich immer mehr Spaß an der Arbeit bekam, die mir für mein Gefühl viel zu lange verboten wurde. Endlich ließ mein Bruder mich hinter die Theke, aber ich sollte mich so unauffällig wie möglich verhalten. Geschickt und flink schnappte ich Abend für Abend die leeren Gläser von den Tischen und spülte sie mit rasender Geschwindigkeit im sauberen Spülwasser ab, sodass sie mit der gleichen Geschwindigkeit wieder voll gezapft werden konnten. Hunderte Liter schäumenden goldgelben Gerstensaftes wurden ausgeschenkt. Viele tausend Gläser, bei einem damals durchaus attraktiven Gewinn. Die neue Tätigkeit machte mir große Freude. Für mich begann eine Zeit, in der ich endlich zeigen konnte, was in mir steckte. Innerhalb kurzer Frist lernte ich, die vielen verschiedenartigen Aufgaben zu übernehmen, die ein Gastronomiebetrieb mit sich brachte. Ich hätte jede Stunde des Tages mit Arbeit füllen können. Vierundzwanzig Stunden pro Tag und sieben Tage in der Woche. Ich konnte wirklich nicht genug davon kriegen. So auch nicht an jenem schönen und warmen Pfingstsamstag. Schon während des ganzen Abends hatten sich in den verschiedenen Sälen kleinere Vorfälle, laute Unstimmigkeiten, Beschimpfungen unter den Jugendlichen, Schmeißen von Biergläsern und Streitigkeiten unter fest eingefahrenen Feinden ereignet. Die schwüle Atmosphäre erinnerte mich an einen alten Cowboyfilm: Erhitzte Viehtreiber, die schon viel zu lange in der Prärie gelebt hatten, um sich in der kleinen Stadt noch anständig benehmen zu können. Reichlich fließender Whisky, Falschspiel beim Poker, jeden Moment konnte eine richtige Schlacht ausbrechen, bei der nicht nur Gläser, sondern auch Mobiliar und Knochen zu Bruch gingen. So eine Spannung lag auch über unserem Etablissement.

Gegen elf Uhr abends kam ein aufgeregter Jugendlicher wild winkend auf einen Portier zugestürmt. „Ihr müsst die Polizei anrufen“, brüllte er laut. „ Mein Moped wird geklaut!“ Offenbar hatte ein Freund von ihm drei Typen auf frischer Tat ertappt, als er zum Pinkeln hinter unsere alte Scheune gegangen war. Obwohl er viel jünger und kleiner war, als die drei Diebe, hatte er einen von ihnen mit einem Tritt ins Gesicht ziemlich schwer verletzt und sich dann schnell in das Getümmel drinnen geflüchtet.

In der allgemeinen Aufregung hielt es ein Idiot für witzig, mir ein Bein zu stellen, als ich mit einem übervollen Tablett mit Gläsern vorbei lief. Ich ging voll zu Boden. Nicht nur, dass ich inmitten eines Scherbenmeeres auf dem Boden lag, nein, zu allem Überfluss wurden auch einige Scherben der auseinanderplatzenden Gläser in die Beine von drei tanzenden Mädchen geschleudert. Alle Augen waren auf einmal auf mich gerichtet. Auch ich war nicht ohne Verletzung davon gekommen. Hände und Ellenbögen fingen langsam zu bluten an und aus einigen Wunden schauten kleine Glassplitter raus. Weil die meisten der Anwesenden den Hergang des Vorfalls mitbekommen hatten, war die Sympathie auf meiner Seite, selbst von den verwundeten Tänzerinnen. Trotz meiner siedenden Wut stand ich vorsichtig auf, um mich nicht noch mehr zu verletzen, meine Augen wütend auf den mich auslachenden Verursacher gerichtet. Plötzlich hatte ich vergessen, dass ich gerade einmal fünfzehn war, der Jüngste aller Anwesenden. Ich sprang über den Tisch, hinter dem er sich verbarrikadieren wollte, und landete mit ausgestrecktem Bein mitten auf seiner Brust. Bevor er überhaupt denken konnte, lag er auf dem Boden und ich saß auf ihm drauf. Nie in meinem Leben hatte ich so etwas zuvor getan. Nie hatte ich mich gezwungen gefühlt, zu kämpfen. Noch nie war ich so wütend gewesen. Ich tat diese Arbeit so gerne, und er wollte mich daran hindern? Aber noch bevor ich das erste Mal meine Faust in ein gegnerisches Gesicht schlagen konnte, wurde plötzlich mein Arm festgehalten. Zwei Kellner waren herbeigeeilt und kurz hinter ihnen mein Bruder, der mich jetzt rasch hochzerrte und mir befahl, aus dem Hexenkessel zu verschwinden. Ich war fünfzehn und nicht befugt, in einem Gaststättengewerbe zu arbeiten, wodurch er ernsthafte Probleme bekommen konnte. Die Spannung, die den ganzen Abend angewachsen war, entlud sich nun in mehreren Sälen, entzündet von den beiden verhinderten Moped-Dieben, die auf der Suche nach dem Jugendlichen, der ihren Freund verletzt hatte, alles andere als zimperlich vorgingen, und von Rangeleien im Umfeld des Idioten, der mir ein Bein gestellt hatte. Meinem Bruder blieb nichts anderes übrig, als die Polizei zu alarmieren, die in unserem Dörfchen auf solche Einsätze kaum vorbereitet war und wohl auch wenig Lust hatte, mit gerade mal zwei Beamten in eine Massenschlägerei zu geraten. So trafen die beiden auch erst ein, nachdem Unruhen und Schlägereien durch eigene Arbeitskräfte, Küchenpersonal und Kellner, einigermaßen beigelegt worden waren. Nachdem die Polizei abgezogen war und ich Hände und Arme gesäubert und verpflastert hatte, nahm ich die Arbeit wieder auf. Alle sollten sehen, dass nicht einmal so ein Trottel mich davon abhalten konnte.

Die Unruhe schien vorbei zu sein. Pfingstsonntag war eine Stunde alt. Die meisten Gäste waren heimwärts gegangen oder hielten sich in einer Imbissstube für einen fetten Nach-Mitternachtsbissen auf. Der Jugendliche, der den Mopeddiebstahl verhindert hatte und von seinen Kumpels wie ein Held gefeiert wurde, hielt auf der Veranda Hof, umlagert von einer Vielzahl anderer Jungs, die alle noch mal die verschiedenen Vorfälle des Abends durchkauen wollten. Plötzlich rannte ein Kollege schreckensbleich rein. „Hans! Da wird geschossen! Die schießen!“ Anscheinend war ich der erste, den er traf. Ich schmiss den Stapel Geschirrtücher, mit denen ich die letzten Gläser abtrocknen wollte, auf die Arbeitsplatte und rannte zu dem Seitenausgang der am schnellsten zu der Veranda führte. Der Gedanke, das könnte gefährlich sein, kam mir gar nicht, dazu war das Ganze viel zu unrealistisch. Schießen? In unsrem Dorf? Vor der Veranda stand ein roter Ford, dessen Beifahrertür weit geöffnet war. Ein großer klobiger Mann lauerte dahinter, sein Gewehr auf die Oberseite der Tür gestützt. Er befand sich in einer optimalen Position vor der Veranda, wo er einen hervorragenden Überblick über die Situation hatte. Schon wieder begann er, zu schießen. In der Stille der Nacht waren die Schüsse und die in Scherben zerberstenden Fenster ohrenbetäubend.

Zwei fürchterliche Schreie, die bis heute in meinem Gedächtnis sind, zeigten an, dass zwei der Jungen, die hinter der Holzwand der Veranda notdürftig Schutz gesucht hatten, getroffen worden waren. Während ich hinter dem Auto eines Mitarbeiters in Deckung ging, wurde mir klar, wer das war. Auch wenn ich das Gesicht des Schützen nur kurz gesehen hatte, waren mir die blutige Nase und die zugeschwollenen Augen sofort aufgefallen. Alle hatten wir mittlerweile die Geschichte des Jungen gehört, der einen Mann mit einem Tritt ins Gesicht daran gehindert hatte das Moped seines Freundes zu klauen. Dieser Mann war offensichtlich zurück, um sich zu rächen.

Und gerächt hat er sich.

Einer der beiden Jungen, die getroffen worden waren, starb. Der mutige Kerl, der für seinen Freund eingetreten war, hat das in dieser Nacht mit seinem Leben bezahlen müssen. Er starb, noch bevor der Schütze

mit aufheulenden Reifen und rasender Geschwindigkeit in der Nacht verschwand.
In einer wunderschönen Pfingstnacht.

Die Berichterstattung über die Schießerei in Zeitungen und Radio ließ unsere Betriebsumsätze für ein halbes Jahr bis auf einen Tiefpunkt sinken. Aber allmählich verzog sich der Sturm wieder. Teure Werbeaktivitäten hatten die Öffentlichkeit nach und nach einsehen lassen, dass die Schuld für den Mord nicht bei uns lag. Und zu der Kampagne, mit der wir unsere Gäste zurückgewinnen wollten, gehörte auch, dass mein Bruder das berühmte Duo „Spooky and Sue“ engagiert hatte, das in Europa mit dem Hit „Swinging on a star“ Furore gemacht hatte. An diesem Wochenende würden sie bei uns auftreten und wir erwarteten, zum ersten Mal seit der schrecklichen Schießerei, wieder Hochbetrieb, 2000 Gäste.
Speziell für diesen Abend war die einfache Einrichtung der Umkleideräume unter der Bühne den Bedürfnissen der prominenten Gäste angepasst worden. Alkoholische Getränke aller Art, viel frisches Obst und mindestens vier komfortable Sessel mit einem Fußbänkchen wurden bereitgestellt. Auf einer der Türen prangte eine kleine, schlampig beschriftete Kreidetafel: „Knock twentytwo times, before you come in to visit your favorite duo.“ Ich hielt das für einen Scherz und öffnete die Tür nach nur dreimaligem deutlich hörba-

rem Klopfen. Ich meinte, ein „Ja!“ gehört zu haben, aber als ich die Tür öffnete, stürmte mir die obenrum komplett unbekleidete Sängerin des Duos entgegen. Die Freiheit, mit der sie mit ihren weit abstehenden, vollen Brüsten herum hüpfte, stand in größtem Kontrast zu der zurückhaltenden Art der Bevölkerung unserer ostholländischen Provinz. Ich konnte meine neugierigen Augen nicht zwingen, wegzuschauen. Vor lauter Verlegenheit ließ ich mein Autogrammbuch, wegen dem ich eigentlich gekommen war, fallen. Die Sängerin beugte sich vor, als wolle sie mir beim Aufheben behilflich sein, wodurch ihre wunderschönen Brüste direkt vor meinen Augen schwebten. Ihre langen Finger mit noch längeren, bunt angemalten Nägeln, schrieben ihren Namen ins Buch. Danach drehte sie sich von mir weg, um durch einen unauffälligen Spalt in einer kleinen Vorratstür die Anzahl des Publikums professionell zu beurteilen. „It’s getting busy tonight“, murmelte sie in sich hinein und ging zurück in ihren eigenen Umkleideraum. Mich ließ sie stehen, als ob ich gar nicht da war. Ohne zu merken, dass ich komplett fassungslos und verdattert war durch ihre eindrucksvolle Schönheit.

Am Tag danach war ich schon vor acht Uhr aus meinem Bett. Weil Ferien waren, hatte ich mich morgens früh bei den Putzfrauen gemeldet, die während eines Kaffees ihre Arbeitsplanung für den Tag durchsprachen. Das war wieder so ein Moment den ich anbetete. Ich genoss es, die Damen um mich herum zu haben. Mich bei ihren Beschäftigungen mit einbezogen zu fühlen und ihnen bei den vielen kleinen Tätigkeiten zu helfen. Die Säle waren am Abend zuvor zurück gelassen worden, als hätte eine Bombe eingeschlagen. Der Nikotingeruch siegte wie immer über den Bierdunst, der von kleinen Pfützen auf dem Boden hochstieg. Das normalerweise glänzende Parkett, das einen Tag zuvor noch mit Wachs eingerieben worden war - übersät mit zerbrochenen Gläsern. Manche Scherben waren so tief ins Holz getreten, dass man meinte, der größte Teil des Holzbodens sei völlig ruiniert und müsste erneuert werden. „So ein Holzboden muss leben", sagte Sarah, mein Lieblingsmitglied im Putzfrauengeschwader, dann immer. „Wir kriegen den wohl wieder glatt." Erst fing sie in aller Ruhe an, die Stühle und Tische zur einen Seite des Saales zu schieben und die Scherben und Kippen mit einem breiten Besen zusammen zu fegen. „Hilfst du mir heute, Hans?", fragte sie, während ich hinterher lief. „Ich hatte mir eigentlich vorgenommen die Scheibengardinen von den Fenstern abzunehmen, um die zu waschen", antwortete ich. „Ihr traut es euch ja nicht zu, die Leiter hoch zu klettern. Aber ich möchte dir auch wohl gerne helfen." - „Ach ja, die Gardinen müssen ja auch noch... Dann ist es vielleicht besser, dass du die erst runter nimmst, dann stehst du mir mit deiner Leiter später nicht im Weg", bemerkte sie.

Schon seit einer Weile konnte ich gut mit Sarah, die frisch mit einem unserer Kellner verheiratet war. Ich fühlte mich sicher mit ihr in meiner Nähe, sie strahlte eine große Wärme aus. Es war das gleiche Gefühl, das ich im Kindergarten bei meiner Lieblingskindergärtnerin verspürt hatte. Manchmal wenn Sarah arbeiten musste, schwänzte ich die Schule und hielt mich in ihrer Nähe auf. Wir quatschten ständig bei der Arbeit. Sie interessierte sich ehrlich für mich, was dazu führte, dass ich ihr mehr erzählte, als anderen. So vertraute ich ihr auch heute als einziger mein Erlebnis mit der halbnackten Sängerin in der Umkleide an und dass mir peinlicherweise vor lauter Nervosität mein Autogrammbuch runtergefallen war, aber auch, dass ich das Geschehene insgesamt sehr genossen hatte. Sarah und ich machten viel Quatsch zusammen, sangen die neuesten Soullieder. Gerade sang sie mit ihrer meist heiseren Stimme ein Lied von Louis Armstrong über die „wonderful world, the trees so green, rote Rosen und dass die Luft so blau war". Ein langer Stiel von einem der großen Wischer diente ihr als Mikrofon. Bis ihre Stimme so anfing zu quietschen, dass wir vor Lachen fast nicht mehr wieder zu uns kamen. Aber wir redeten auch ernsthaft. Als ob sie es studiert hätte, stellte sie mir Fragen, deren Antworten viel über mich verrieten. Manchmal dachte ich, dass Sarah mehr über mich wusste, als ich ihr je bewusst erzählt hatte. Ich musste richtig aufpassen, welche Antworten ich

auf ihre immer persönlicher werdenden Fragen gab, z. B. warum ich keine Freunde hatte und mich auffällig oft und offensichtlich mit großem Spaß nur mit Mädchen und Frauen unterhielt? Durch ihr echtes Interesse und die Art, wie sie die Fragen stellte, empfand ich das nicht unangenehm. Jedes Mal, wenn sie wieder eine ihrer entlarvenden Fragen an mich richtete, war ich geneigt, mich ihr mehr zu öffnen. Ihr mein ganzes für mich selber vollkommen unklares Problem darzulegen. Mein irrsinniges Hirngespinst, das jetzt schon seit acht Jahren meine Gedanken störte. Ich sehnte mich danach, jemandem mein Herz mal so richtig auszuschütten. Aber je inniger ihre Fragen wurden, desto verschlossener wurde ich. Ganz vorsichtig stellte Sarah sich plötzlich neben mich, nahm meine Hand und faltete sie lieb in ihre Hände. „Darf ich dich etwas ganz Persönliches fragen, Hans? Weswegen hast du deine Augenbrauen in so einem feinen Bogen gezupft? Ich dachte, nur Mädchen machen so etwas.“ Ich schluckte und ließ meinen Kopf fallen, als ob ich meine schmalen Augenbrauen verstecken wollte. Aber dafür war es jetzt zu spät.
So ungefähr vor zwei Monaten hatte ich damit angefangen.
Immer mehr pickte ich Abend für Abend mit einer Pinzette meiner Schwägerin die kleinen Haare an der Unterseite meiner Augenbrauen heraus, bis sie einen ganz dünnen Bogen zeigten. Jedes Mal hoffte ich, dass

keiner etwas bemerken würde, und überquerte den Schulhof mit ängstlicher Anspannung. Im Klassenraum suchte ich mir hinten einen Platz. Aber ich merkte bald, dass ich mir keine Sorgen darum zu machen brauchte. Die anderen Jungs hatten für solche Feinheiten einfach keine Augen. Ich traute mich nicht, Sarah anzusehen, und begann vor lauter Anspannung zu weinen. „Hans? Weswegen weinst du jetzt? Das wollte ich nicht. Habe ich dich bedrängt?“ Ich schüttelte den Kopf, bevor ich ihn wieder fallen ließ. „Na, komm. Aufhören mit den Tränen und dann erzähl mir, was dich schmerzt. Ich werde es niemandem erzählen. Das verspreche ich dir.“ Sarah zog mich zu einem Tisch, schob sich rückwärts drauf und klopfte mit der Hand neben sich auf die Platte. Folgsam nahm ich neben ihr auf dem Tisch Platz. War das vielleicht wirklich die Chance, jemandem von meiner Not zu erzählen, von meiner unbegreiflichen Geistesverwirrung? Ich war mittlerweile fünfzehn und wusste immer noch nicht, warum meine Gedanken anders und seltsam waren. Meine fremden, unbegreiflichen Gefühle kamen immer öfter in mir hoch und quälten mich immer mehr. Auf dem Dachboden hatte ich kleine Bücher, mit erotischen Bildern und Geschichten gefunden. Aber was ich auch suchte oder las, ich fand nichts, was mit meiner Geistesbehinderung übereinstimmte. Die einzige Geschichte, die ich mit mehr Interesse gelesen hatte, war über jemanden, der durch bestimmte

Damenkleidungstücke und Schuhe mit ganz hohem Absatz erregt wurde. „Fetischismus“ nannten sie es in dem Buch. Ein paar Tage lang verglich ich mein Verlangen mit dem in der Geschichte und musste zugeben, dass da wohl etwas übereinstimmte. Auch ich fühlte das zwanghafte Bedürfnis, Damenkleidung anzuziehen. Aber bei mir war es nicht nur die Kleidung. Ich wollte mehr. Ich wollte ein Mädchen sein, mit allem was damit zu tun hatte: die Haartracht, die Zärtlichkeit, das Make-up. Aber vor allem wollte ich den Körper. Einen Körper der sich typisch mädchenhaft bewegt. Ich fing allmählich an, meinen eigenen Körper zu verabscheuen und entwickelte Hass auf dieses komische Anhängsel, das unterhalb meines Leibes baumelte. Ich wollte es einfach nicht haben. Fetischismus war es also nicht. Aber gab es denn da noch etwas anderes? Oder hatte bei mir wirklich die Verrücktheit zugeschlagen? Ich hatte Angst, dass Gott, falls es ihn gab, meine Gedanken lesen konnte. Und dass er vielleicht sehen konnte, wie ich mich verkleidete. Oh Gott!

„Na Hans, raus damit“, ermunterte Sarah mich auf ihre Weise. Ich schwieg und zuckte mit meinen Schultern. Sarah strich mir lieb und beruhigend über den Rücken. Die Sonne schien durch die großen Fenster vor denen unser Tisch stand. Eine tickende Wanduhr zeigte an, dass ihre Arbeitszeit schon vorbei war. Ich holte tief Luft... und stieß sie wieder aus. Ich traute mich einfach nicht. „Da spukt etwas in meinem Kopf herum, was mich richtig verrückt macht. Ich kann das nicht erzählen." Meine Scham gewann erneut. Sie war zu stark durch die dicke Mauer, die sich um mein Herz herum aufgebaut hatte. Sarah hüpfte vom Tisch. „Erzähl es mir, wenn du dafür bereit bist. Ich werde für dich da sein", sagte sie lieb lächelnd. Weg war sie. Sie hatte mich alleine zurück gelassen in einem Saal, dessen Holzboden aussah wie neu.

Sarahs Boden lebte wieder.

Kurz danach wurde sie schwanger und verschwand aus meinem Leben. Ich vermisste sie. Was für ein unbeschreibliches Glück ihr Kind hatte, Sarah als Mama zu haben!

Juli 2011

Es war viel Betrieb auf dem Weg nach Münster. Viele Menschen fuhren in die gleiche Richtung wie ich. Aber sicherlich mit einer anderen Absicht. Zu meinem Termin um zwölf bei meiner Psychologin Adette würde ich es nicht mehr pünktlich schaffen. Mit Schrittgeschwindigkeit fuhr ich in Münster an den reizenden Gebäuden vorbei und leider auch an zahlreichen Ampeln. Adette hatte ihre Praxis an der Ostseite der Innenstadt und wenn ich genug Zeit hatte, parkte ich auf der anderen Seite des immer vollen Zentrums. Das bot mir die Möglichkeit, an den schick eingerichteten Schaufenstern in den Giebelwänden im Renaissancestil vorbei zu flanieren. In diesen Momenten fühlte ich mich fabelhaft und war glücklich, mich wie eine Frau zwischen den zahlreichen Passanten bewegen zu können. Mit meiner immer weiblicher werdenden Körperform nahm mein Selbstvertrauen mit jedem Tag mehr zu. Wenn mir ein Mann höflich eine Tür aufhielt, oder mich beim Betreten einer Rolltreppe vorgehen ließ, bekam ich ein himmlisches Gefühl: Ich wurde als Frau wahrgenommen und akzeptiert.

Diesmal war ich leider spät dran und parkte in der Nähe der Praxis. Einige Minuten später lief ich mit meinen klackernden Schuhabsätzen die marmorierte Treppe hoch. Adette stand schon in der Türöffnung ihrer Praxis und erwartete mich. Sie lächelte, als sie mich mit „Frau

Wagenvoord" begrüßte, statt „Hanne", meinen neuen weiblichen Vornamen zu benutzen. „Hanne", sagte ich nachdrücklich, aber lachend. Es war ein altes Spielchen zwischen uns. Adette mochte meine holländische lockere Art. Wegen ihres Berufes fühlte sie sich jedoch verpflichtet, eine höfliche Form zu benutzen und mich zu Siezen, wodurch ich für sie immer Frau Wagenvoord bleiben würde. „Sie sehen erschöpft aus", sagte sie, als sie die Tür hinter sich schloss. „O ja? Woran siehst du das?" - „Im Gegensatz zum letzten Mal, als Sie hier waren, machen Sie einen niedergeschlagenen Eindruck. Geht es Ihnen gut?" - „Ich hörte von einem meiner Kollegen, dass mein Arbeitgeber sich jetzt Gedanken macht, mich zu entlassen. Wenn das wirklich so ist, können Lara und ich in Kürze unser Haus verkaufen. Dann werde ich wahrscheinlich nie wieder einen Job finden und es wird verdammt schwierig, meine Umwandlung fortzusetzen." Adette wusste durch frühere Gespräche, dass ich mich in besonderer Weise für den Aufbau des Restaurants, das mein Arbeitsgeber vor zwei Jahren gepachtet hatte, verantwortlich fühlte. Er kam von einem Bauernhof und hatte im Gegensatz zu mir nicht die geringste Ahnung von Gastronomie. Wir vereinbarten, die Arbeit dementsprechend zu teilen. Es war mir egal, dass meine Arbeitstage im ersten Jahr manchmal 16 Stunden hatten. Es war ein Job, der mir wie auf den Leib geschnitten war. Und zunächst hatte mein Chef sich auch nicht an meiner Umwandlung gestört. Je eindeutiger ich zur Frau wurde, desto weniger schien er jedoch damit klar zu kommen. Dabei fühlte ich mich dort und unter den Kollegen ausgesprochen wohl! Das Elend drohte, mich zu übermannen. Ich war insgesamt nicht gut drauf. Die Unsicherheit, was die Zukunft nach meiner Umwandlung bringen würde, der Frust, ständig warten zu müssen - auf Arzttermine, auf Mitteilungen der Krankenkasse, auf dieses und jenes - die Angst, was aus Laras und meiner Beziehung wurde, das alles war schon Unsicherheit genug, auch ohne, dass ich Angst haben musste, meinen Job zu verlieren. Ich war gereizt und nervös. Besonders war mir das bei der Arbeit am noch nicht lange zurückliegenden Himmelfahrtstag („Vatertag") aufgefallen, als ich die Horden besoffener Männer und ihr schlechtes Benehmen kaum noch ertragen hatte.

Schnell wechselte ich das Thema. „Während des Wartens im Wartezimmer ist mir aufgefallen, dass du mehrere meiner Schicksalsgenossen während ihres Prozesses betreust. Kann es sein, dass die Einnahme von Hormonen den Charakter verändert?" - „Warum fragen Sie das?" - „Also, in letzter Zeit ändert sich nicht nur mein Körper. Ich habe das Gefühl, dass mein Charakter sich irgendwie meinem Äußeren anpasst. Das Zuhören gelingt mir bedeutend besser als jemals zuvor. Ich fühle mich zu meinen Kolleginnen hingezogen, die immer öfter zu mir kommen, weil sie wissen, dass sie mich bei Problemen ins Vertrauen ziehen können. Und manchmal passiert es mir, dass ich von völlig fremden Menschen angesprochen werde, die mit mir über ihre privaten Probleme sprechen wollen. So etwas ist mir früher nie passiert." Adette hörte aufmerksam zu. „Dass sich Gefühle durch die Einnahme der Hormone ändern, ist üblich. Aber eine Charakteränderung, so wie Sie es vermuten, ist mir neu. Ich glaube, es ist eher so, Frau Wagenvoord: Sie genießen Ihre Veränderung und werden dadurch gelassener, fröhlicher und aufgeschlossener. Das wird der Grund dafür sein, dass andere Menschen mit ihren Problemen zu Ihnen kommen. Haben Sie je darüber nachgedacht, etwas Entsprechendes zu studieren?" - „Ich? Studieren? Mit meinen 52 Jahren?", fragte ich sie überrascht. „Ja, gerade in Ihrem Alter. Ihre Lebenserfahrung ist für Sie von großem Wert. Denken Sie mal in Ruhe darüber nach und reden Sie auch mit Ihrer Frau darüber. Möglicherweise fällen Sie eine erstaunliche Entscheidung."

Beim Aufstehen hielt sie mir wiederum ihre kleine, zierliche Hand entgegen, öffnete höflich die Tür und sagte: „Auf Wiedersehen, Frau Wagenvoord." - „Hanne", antwortete ich lächelnd.

Erkenntnis und Leugnung

Im Alter von **fünfzehn** Jahren

Seit Sarah nicht mehr bei uns arbeitete, hielt ich mich eher abseits vom Rest der Putzfrauen, die ja auch viel älter waren, als sie. Meistens suchte ich mir in der Morgenpause vorne im Café einen Platz alleine am Stammtisch. Die wöchentlichen Zeitschriften lagen sortiert und ordentlich aufgefächert auf dem Tisch für die wenigen Spaziergänger oder Vertreter, die morgens eine Tasse Kaffee zu sich nahmen und die Zeitung oder eine der Zeitschriften durchblättern wollten. Ich nahm immer eine der größten Zeitschriften heraus. Sie war mit aktuellen Geschichten gefüllt, enthielt aber auch Pin-Up-Bilder in gewagten Dessous. Ich blätterte das Heft durch. Plötzlich sah mir ein Mann in einem Kleid entgegen! Mein Blick erstarrte und meine Augen wurden beim Ansehen des Bildes, das die ganze Seite füllte, riesengroß. Ich musste ein paar Mal richtig schlucken und fühlte, dass sich mein Herz überschlug. Nicht viel später fing es mit einer höheren Geschwindigkeit an zu klopfen, als ich vorsichtig meine Hand über das Bild wandern ließ. Der übertrieben männliche Mann auf dem Bild trug ein rotes Kleid und darunter ein paar schwarze Strümpfe. Die dunklen Haare auf seinen Beinen stachen durch das hauchdünne Nylon und an seiner Haltung konnte man sehen, dass es ihm große Mühe bereitete, auf seinen Pfennigabsätzen zu posieren. „Transsexualität - Leben im falschen Körper“ stand auffällig groß in knallroten Buchstaben oben auf der Seite. Ich studierte jeden Zentimeter des traurig aussehenden Mannes und es dauerte ein wenig, bis ich aufmerksam wie nie zuvor zu lesen begann, was neben dem aufsehenerregenden Bild geschrieben stand. Danach drehte ich völlig besessen die Seite um, wo sich die Geschichte fortsetzte. Ich bekam Gänsehaut auf meinen Armen. Das war ja mein Leben, das da beschrieben wurde! Der mittlerweile erwachsene Mann erzählte über seine Jugend, die beinahe genauso verlaufen war, wie meine.

Gerade, als ich den erschütternden Artikel zum zweiten Mal lesen wollte, hörte ich plötzlich eine lockere Bodendiele hinter mir quietschen. Erschrocken schaute ich mich um und bemerkte Henni, die hinter der Theke in Richtung Küche verschwand. Ich hatte nicht gemerkt, dass sie ins Café gekommen war. Wie lange hatte sie da schon gestanden und mich beobachtet, bis sie ohne ein Wort zu sagen geschwind das Café verließ? Hatte sie gesehen, was mein Interesse geweckt hatte und was ich mit so großer Aufmerksamkeit las, dass ich sie nicht bemerkt hatte? Hatte sie vielleicht auch gesehen, dass ich beim Betrachten des verkleideten Mannes errötet war?

Schnell schlug ich die Zeitschrift zu und legte sie noch immer völlig aufgeregt an das Ende der Reihe zurück.

Danach verließ auch ich das Café - durch den entgegengesetzten Ausgang.
Am Nachmittag hätte ich eigentlich noch ein paar Stunden zur Schule gehen müssen. Aber nach der Lektüre dieser eindrucksvollen Geschichte trieb es mich in den Wald, in dem ich stundenlang mit unserem Hund herumirrte. Der mittlerweile ausgewachsene Rottweiler meines Bruders, Jordan, den ich kannte, seit er ein Welpe war, hielt sich fortwährend in meine Nähe auf und war es gewohnt, dass ich regelmäßig mit ihm durch den leicht abfallenden Wald spazieren ging. Einen Platz am Rande des Waldes an einem Sandhügel mochten wir besonders und benutzten ihn immer, um uns etwas auszuruhen, wobei sich Jordan meistens hechelnd gegen mich lehnte. In dem weißen Sand konnte man fabelhaft mit offenen Augen träumen. Vor allem wenn die Sonne einem ins Gesicht strahlte. Ich suchte mir den gleichen Platz wie beim letzten Spaziergang, der Abdruck meines Hinterns war im trockenen Sand noch sichtbar. Plötzlich rasend erschöpft und mit Kopfschmerzen ließ ich mich auf den warmen Boden fallen. Dauernd sah ich das Bild von dem Transsexuellen in seinem sexy knallroten Kleid mit den schwarzen Strümpfen und den turmhohen Schuhen vor meinen Augen. Ich dachte über die vergangenen Jahre nach und trug alle meine fremden Ideen, Gedanken und Taten zusammen. Meine Sucht, mich mit den Kleidern meiner Schwester und

meiner Schwägerin zu verkleiden. Das mächtige Verlangen nach einem Mädchenkörper, in den ich am liebsten hinein schlüpfen wollte und mein immer verschlossener werdendes Benehmen, das allmählich mein Leben beherrschte. Viele ungewöhnliche Dinge bekamen eine Bedeutung, so wie viele kleine Puzzleteile ein Bild ergeben. „Ich bin transsexuell", dachte ich. „So wie es in der Zeitschrift geschrieben stand: Ich bin im falschen Körper geboren. Mein Gehirn sagt mir, dass ich gar keine Junge bin." Transsexualität. Plötzlich hatte mein Problem einen Namen. Und ich war offensichtlich nicht der Einzige, der das damit verbundene Elend ertragen musste.

Oder waren die auch alle einfach nur verrückt? Gab es das wirklich? Auf einmal hatte ich das dringende Bedürfnis, zu Sarah zu rennen, die etwas weiter im Dorf wohnte. Ich brauchte nur dem Waldweg weiter zu folgen, dann würde ich genau vor ihrem Haus ankommen. Sie hatte versprochen, für mich da zu sein, wenn mich etwas quälte oder wenn ich erzählen wollte, warum ich damals, als sie nach meinen Augenbrauen fragte, geweint hatte. Ich schaute Jordan an. Er hatte seinen dicken, schwarzen Kopf bequem in meinen Schoß gelegt und weil ich mich so lange hingesetzt hatte, traute er sich, zu schlafen. Vorsichtig weckte ich ihn und stand nachdenklich auf. Ich würde mir die Zeitschrift holen, um auch Sarah den Artikel lesen zu lassen. Sobald sie ihre Tür öffnete, würde ich das Heft hoch halten und ihr voller Enthusiasmus entgegenrufen: „Ich bin nicht verrückt. Ich bin ein Mädchen!“

Zurück auf dem Waldweg fing mein Kopf kräftig an zu hämmern und meine Nerven flatterten. Mit zitternden Händen betrat ich die Wirtschaft so unauffällig wie möglich durch den Musikanteneingang an der Rückseite. Ganz leise schob ich eine der großen Türen zum Café auf. Ich schielte durch den Spalt und schaute, ob sich dort Gäste aufhielten. Es war leer. Ich schob die Tür etwas weiter auf und schlich in den noch kühlen und dunklen Raum hinein. Das Klingeln leerer Flaschen verkündete, dass der zuständige Kellner mit dem Sortieren des Leergutes im Bierkeller beschäftigt war. Auf dem Stammtisch lagen die Zeitschriften unberührt in gleicher Fächerform wie heute Mittag. Wahrscheinlich waren in der Zwischenzeit gar keine Gäste dagewesen. Schnell zog ich die unterste Zeitschrift heraus und kontrollierte mit zittrigen Fingern, ob ich die richtige erwischt hatte. Ich konnte den Artikel nicht finden! Hatte ich mich geirrt, war es nicht die letzte Zeitschrift des Stapels gewesen? Schnell blätterte ich das Blatt zum zweiten Mal durch. Ich las doch immer die größte, die ganz hinten lag. Ich schob alle Zeitschriften auseinander. Die, die ich in der Mittagspause gelesen hatte, fehlte! Ich fing an zu schwitzen und meine Kopfschmerzen wurden noch schlimmer. Wie war das um Himmels willen möglich? Ich suchte eilig den Rest der Tische ab, dann die Stühle, sogar den Fußboden unter den Tischen kontrollierte ich. Alles leer. In der Küche! Vielleicht hatte eine der Frauen sie mit in die Küche genommen! Eilig lief ich dahin, rasch an dem Kellner vorbei, der noch immer mit seinen Kisten und Flaschen beschäftigt war. Aber wo ich auch suchte, die Zeitschrift war nirgendwo zu finden. Nicht in der Küche. Nicht im Café und auch nicht im Büro meines Bruders.

Henni!

War ihr doch meine Faszination aufgefallen, mein vor Schreck rot angelaufenes Gesicht? Henni! Ich lief die Treppe nach oben in unser Wohnzimmer. Da lag die Zeitschrift aufgeschlagen auf dem Couchtisch. Mein Kopf fing an zu glühen, wie niemals zuvor. Wie sollte ich um Gottes willen reagieren, wenn sie mich darauf ansprach? Waren Henni meine epilierten Augenbrauen oder meine außergewöhnliche Aufmerksamkeit Mädchen gegenüber aufgefallen? Oder hatte sie mittlerweile sogar bemerkt, dass ich regelmäßig Wäsche aus ihrem Schrank nahm? Hatte ich etwas falsch wieder einsortiert?

Mit den Händen hinter meinem Kopf lief ich im Wohnzimmer hin und her. Langsam bildeten sich Schweißtröpfchen auf meiner Stirn. Fieberhaft überlegte ich, was ich tun sollte. Nichts sagen. Einfach nichts sagen und so tun, als ob nichts passiert wäre.

Ich werde mir nichts anmerken lassen und ganz naiv reagieren, wenn sie mich dazu befragt. In Panik schlug ich die Zeitschrift zu. Ich musste sie liegen lassen. Es würde noch mehr auffallen, wenn ich sie mitnahm, um sie Sarah zu zeigen.

In der Woche, nachdem ich den Artikel gelesen hatte, kam ich fast jeden Morgen zu spät in der Schule. Trotz der süßen, sanften Musik aus dem alten Radio in meinem Schlafzimmer verliefen meine Nächte schlecht. Die meiste Zeit lag ich wach und zerbrach mir den Kopf, bis ich in den Morgenstunden erschöpft einschlief und mich ein rappelnder Wecker kurz danach weckte. Ich schaffte es nicht, den ganzen Tag in der Schule zu bleiben, also schrieb ich mir selber Entschuldigungen und fälschte die Unterschrift meines Bruders. Ich lümmelte nur so herum. In den Stunden, die ich im Klassenraum verbrachte, war ich noch stiller als sonst. Meine Aufmerksamkeit für den Unterrichtsstoff lag komplett bei null. Da war nichts was mich interessierte. Es gab nur noch eine Sache, die ich unbedingt wissen wollte. Nach dem Freitagsunterricht besuchte ich zum ersten Mal in meinem Leben die örtliche Bibliothek. Ich hatte keinen Mitgliedsausweis, aber die Bibliothekarin glaubte, ich gehörte zu der Frau, die vor mir in der Reihe stand. So kam ich ungehindert hinein. Wonach sollte ich jetzt suchen. Begriffe wie Wissenschaft oder Kultur, die über einigen Regalen angebracht waren, sagten mir überhaupt nichts.

Nach einer Stunde ziellosen Herumsuchens las ich auf einem kleinen Schild über einer langen Wand mit dicken Büchern „Psychologie". In der Zeitschrift hatte etwas von einer psychologischen Abweichung gestanden, erinnerte ich mich. Ich lief die Regale ab und suchte „mein" Wort: Transsexualität. T… Tr… Transaktion… Transformation… U. Mein Wort fehlte. Ich floh aus der Bibliothek. Auf dem Weg nach Hause schwirrten mir die Gedanken durch den Kopf und ich strampelte den langen Weg am Kanal entlang, ohne ihn wahrzunehmen. Das, was in dem Artikel beschrieben stand, stimmte mit meinen Bedürfnissen überein. Und ich hatte es deutlich gelesen, dass es mehrere Personen waren, die so empfanden. Trotzdem stand in der Bibliothek nichts. War das doch nur ausgedacht? Eine Horrorstory, mit der der Verlag die Verkaufszahlen erhöhen wollte?
Gegen fünf stellte ich mein Fahrrad in der alten Scheune ab. Nahm meine verschlissene Schultasche vom vergammelten Gepäckträger runter und zuckelte zur offenstehenden Seitentür, wo Jordan mich schon erwartete. Wir hatten zwei Hochzeitsfeiern an diesem Tag, wovon eine schon um drei Uhr mit einem Empfang begonnen hatte. Für die zweite war noch ein Saal einzudecken. Diese Tätigkeit hatte man für mich liegen gelassen, also fing ich erst mal mit dem Ordnen der Stühle an und deckte nicht viel später ein. Als ich ein Glas mit Rauchwaren auf den letzten Tisch stell-

te, sah ich Henni auf mich zukommen. „Hallo, Hans. Bist du schon fertig mit dem Saal? Ich wollte dir eigentlich noch helfen.“ - „Das Glas hier ist das letzte“, erwiderte ich. „Wenn wir dich nicht hätten“, sagte sie lächelnd. „Es ist fast schade, dass du noch zur Schule gehen musst. Wie war es denn diese Woche in der Schule?“ - „So wie immer: schrecklich.“ - „Du bist heute später als gewöhnlich zurückgekommen. Freitags hast du doch immer früher frei?“ Komisch. Normalerweise achtete Henni kaum darauf, wann ich kam und ging. Meistens war sie tagsüber mit vielen Dingen gleichzeitig beschäftigt und gönnte mir nur eine sparsame Begrüßung, wenn ich mich aus der Schule zurückmeldete.

„Hans, darf ich dich etwas fragen?“, sagte sie auf einmal. Sie war näher gekommen und hatte ihre rechte Hand vorsichtig auf meine Schulter gelegt. Ich erschrak richtig. Schob nervös einen Stuhl beiseite und wusste nicht wie ich mich verhalten sollte und schluckte den plötzlich aufkommenden Speichel runter. Jetzt kommt es, dachte ich. Sie weiß alles. Sie hat es gelesen und entdeckt, dass in ihrem Kleiderschrank in letzter Zeit die Kleidung anders lag, ich war zu unvorsichtig gewesen und hatte mich verraten.

„Wärst du lieber ein Mädchen gewesen, Hans?“

Obwohl ich genau diese Frage erwarte hatte, platzte sie trotzdem in meinem Kopf wie ein Torpedo. Ich

war bei meinen eigenen Eltern nicht zu Hause gewesen. So wie die meisten Kinder ihre Kindheit erfahren, war das bei mir nicht. Ich fühlte mich einsam. Ich war ein einsames Kind mit einem gequälten Geist. Ich war unzufrieden mit meiner Ausbildung und wurde tief gequält durch eklige Launen in meinen Gedanken. Das Unterkommen bei meinem Bruder und seiner Frau war für mich ein Gottesgeschenk. Henni interessierte sich für mich und ich fand neben meinen Tätigkeiten in der Wirtschaft, die ich liebte, auch meine Befriedigung im Verkleiden. Eigentlich hätte es Henni sein dürfen, der ich mein innerstes Problem anvertraute. Wer, wenn nicht sie?
„Was? Wieso ein Mädchen? Natürlich nicht! Ich bin doch ein Junge. Wie kommst du denn da drauf?", platzte ich heraus. Ich konnte es nicht. Es kam nicht aus meinem Mund heraus, obschon ich es so gerne gewollt hätte. Meine Scham war unbesiegbar und zwang mich, zu lügen. Ich hatte zu viel Angst, dass mein Geheimnis gelüftet wurde. „Bist du dir sicher? Bist du dir ganz sicher, Hans?", fragte Henni nochmal nachdrücklich. Sie schaute mir tief in die Augen. Ich wollte den Riegel zurückschieben. Ich wollte erzählen. Aber es ging nicht. „Klar bin ich mir sicher! Was für eine blöde Frage von dir." - „Hmmm, wenn das so ist, würdest du dann ab jetzt meine Sachen besser aufräumen? Oder besser noch, gar nicht erst anfassen!" Damit drehte sie sich um und verschwand. Es

fühlte sich wirklich so an, als ob ich in den Erdboden hineinsinken würde. Vollkommen kraftlos sank ich zusammen.
Ich kämpfte mich durch den Rest des Tages.
In der folgenden Nacht drehte ich mein Kissen erst um, nachdem eine Seite mit Tränen durchtränkt war. Danach schlief ich völlig erschöpft ein. Keine Ahnung, wie meine Verfassung am nächsten Tag sein würde. Aber mein Gefühl sagte mir, dass ich meine einzige Chance, Hilfe zu bekommen, verpasst hatte.

Zum Schluss

Im Alter von **16-49** Jahren

In jedem Buch gibt es ein Ende. Auch in meiner Autobiographie. In diesem Kapitel überschlage ich fast vierzig Jahren meines Lebens. Einen großen Teil davon habe ich auch glücklich erlebt. Glück, bizarr umrandet.

Während eines Auftrittes von George Baker, im Oktober 1974, lernte ich Lara kennen. „Una paloma blanca“ wurde unser Lied und läuft wie ein roter Faden durch unser ganzes Leben. Jedes Mal, wenn ich das Lied höre, erinnere ich mich an unsere wunderschöne erste Begegnung. Schon eine Weile besuchte sie alle vierzehn Tage, an einem Samstagabend, unsere Wirtschaft zum Tanzen. Sie war es, die meine Neugier anregte und die Schmetterlinge in meinem Bauch mit dem Wind gleiten ließ. Jedes Mal, wenn ich sie sah, passierte bei mir etwas. Zum ersten Mal in meinem Leben war ich verliebt. Aber so richtig! Jedes Wiedersehen ließ mein Herz fast zerspringen. Dadurch, dass ich ihr unaufhörlich hinterherlief, fiel ich ihr auf. Wie ein brünstiger Bock hüpfte ich von Saal zu Saal. Da, wo sie mit ihrer Freundin tanzte, war auch ich nur wenige Sekunden später anzutreffen. Und wenn sie mal nicht kam, wurde ich panisch und schaffte es kaum, meiner Arbeit nachzukommen.

An einem Abend im Oktober nahm ich den ganzen Mut meiner inzwischen sechzehn Jahre zusammen, um auf sie zuzugehen und nach ihrem Namen zu fragen. Ich bot ihr etwas zu trinken an, wir quatschten den ganzen Abend und schließlich funkte es zwischen uns, sodass wir uns zum Abschied innig küssten. Niemals ist mir etwas Besseres passiert als die Begegnung mit Lara. Ein sechzehnjähriges Mädchen mit einem lieben Gesicht, dunklen schulterlagen Haaren und vor allem ganz besonderen Eigenschaften. Sie war respektvoll und verständnisvoll, was es mir ermöglichte, ihr nach zwei Jahren meine Transgendergefühle anzuvertrauen. Endlich gab es eine Person, der ich davon erzählen konnte, der ich dadurch aber auch meine fremdartige, schwere Last auf die Schultern legte. Sie wurde eine großartige Stütze für mich. Eine Frau, die mein Transgenderproblem auf eine bewundernswerte Weise mitgetragen hat, ohne sich gegen mich zu wenden. Wir sind für einander geboren. Teilen alle Liebe, aber auch das Leid. Sechs Jahre nach unserem ersten Kuss heirateten wir an einem kalten, nassen Tag im Frühjahr 1980. Innerhalb der nächsten fünf Jahre wurden wir die glücklichsten Eltern eines Sohnes und einer Tochter und lebten sparsam und einfach, aber ausgesprochen harmonisch. Alles machten wir zusammen. Das Erziehen unserer kostbaren Brut, den Haushalt und die Pflege des kleinen Gartens. Kleine Probleme, die im Laufe der Zeit entstanden, wurden mit Leichtigkeit gelöst. Wir verstanden einander ohne viele Worte.

Obwohl meine quälenden Transgendergedanken jedes Jahr zunahmen, war es sogar in dieser Hinsicht lange eine erträgliche Zeit, weil ich ab und zu meine Befriedigung mit den Damenkleidern und Schuhen fand, die ich in geringer Zahl bei einem Versandhaus bestellte. Leider ließ sich meine Veranlagung jedoch nicht dauerhaft unterdrücken. Mein Verlangen, eine Frau zu sein, wurde stärker, gleichzeitig wurden Gelegenheiten, mich zu verkleiden, geringer. Die Kinder sollten es nicht erleben, Lara erschrak jedes Mal und mochte es nicht besonders. Immerhin trug ich fast täglich Damenunterwäsche, schwarz, mit Spitze. Oft faltete ich meinen Penis nach hinten weg und klemmte ihn mit einem Miederhöschen ein. Er sollte einfach weg sein! Körperliche Erschöpfung half mir, mein Verlangen zu unterdrücken. Selbst in den Jahren, als wir mit einer Metzgerei selbstständig waren und ich nicht selten von fünf Uhr morgens bis sieben Uhr abends arbeitete, lief ich noch zwei oder drei Halbmarathons in der Woche. Ich lief und lief oder unternahm Extremwanderungen. Manchmal schmerzte der weggebundene Penis dabei so stark, dass es einer Selbstfolterung gleichkam. Schon seit meiner Jugend dachte ich mir ekelige Möglichkeiten aus, wie ich den Penis unsichtbar machen konnte. Nach einer besonders langen Wanderung baumelte er völlig veilchenfarbig runter, nachdem ich das wieder mal viel zu enge Miederhöschen ausgezogen hatte. Eigentlich hätte das schrecklich wehtun müssen, aber ich beachtete die Schmerzen nicht, sondern betrachtete das halb abgeklemmte Teil in der Hoffnung, dass es runter fallen würde. Die psychische Last, die dieses Anhängsel verursachte, stand in keinem Verhältnis zu dem körperlichen Gewicht von dem gottverdammten Ding.

Es musste weg. Es hat lange gedauert, bis ich diese Entscheidung getroffen habe und letztlich musste es soweit kommen, dass ich mich fast vor einen Zug geworfen hätte in meiner Verzweiflung, bis ich mich traute, diese Entscheidung zu treffen.

In dem Moment, in dem ich mich entschied, änderte sich Laras und meine Beziehung. Zum ersten Mal hatten wir Angst, einander während der unruhigen Umwandlungszeit zu verlieren. Trotz der vielen gemeinsamen vorangegangenen Gespräche konnten wir nur abwarten, was diese Entwicklung zur Folge haben würde. Niemals hätte ich eine bessere Frau als Lara haben können, die mich während der vielen Jahre unserer Beziehung in jedem traurigen Moment tröstete und in der anstrengenden Zeit der Umwandlung auf eine großartige Weise unterstützt hat. Sie begleitete mich wie eine Lotsin durch dicken Nebel. Sogar meinen neuen Namen „Hanne“ hat sie ausgewählt und kümmert sich um meinen Kleidungstil, wie sie es bei Tessa bei meiner ersten Verwandlung auf Probe versprochen hatte.

Das Verständnis meiner Kinder und ihre vorbildliche Haltung machen mich äußerst stolz. Meine Kinder, die nach Jahren ihren Papa verlieren würden. Nicht meine Aufmerksamkeit, Beratung und Liebe, aber ihren äußerlichen Papa.

In den vergangenen Jahren hat meine Tochter bestimmt Signale von mir empfangen. Signale, dass ihr Papa alles andere als ein Macho war. Während unserer Urlaube war es für mich immer eine besondere Faszination, Läden mit Hochzeitskleidern anzusehen. Mit geöffnetem Mund sah ich die ausgestellten, mit viel Seide und Spitze genähten Kleider an, wobei sie regelmäßig anmerkte, dass ich eigentlich als Frau hätte geboren werden müssen, um sie tragen zu können. Sie hatte bestimmt schon länger eine Vermutung, was mit mir los war, hat es aber stets für sich behalten.
Erst nach dem zweiten Besuch beim Psychologen hat mein Sohn den Mut gefasst, mich zu fragen, wie es mir ergangen war. Bevor ich antworten konnte, erzählte er, dass er schon lange wusste womit ich mich beschäftigte und was mich bedrückte. Wenn ich Computerprobleme hatte, meist wegen eines Virus,

opferte er sich auf, um das Übel zu beseitigen, er hat viel mehr Ahnung davon, als ich. Nach einigem Schimpfen und Nörgeln gelang es ihm jedes Mal, den Virus zu beseitigen. Er ermahnte mich aber wiederholt, nicht alles so arglos anzuklicken. Bei der Untersuchung meines PCs war ihm schon vor geraumer Zeit meine Beschäftigung mit transgender und transsexuellen Themen aufgefallen. „Sogar über eine Geschlechtsoperation hast du nachgelesen. Das habe ich mir noch extra angesehen und das hat mich richtig erschreckt“, erzählte er mir viel später. Er wusste es, er hatte schon alles entdeckt und es eindrucksvoll für sich behalten.
Sowohl mein Sohn als auch meine Tochter haben sich in dieser Zeit nicht beirren lassen. Mit sehr viel Mühe und bestimmt vielen Tränen haben sie meine Entscheidung akzeptiert. Mit dem Wissen, dass es das Ende eines „normalen Papas“ bedeutete. Für immer werde ich ihr biologischer Vater bleiben und mit Vergnügen annehmen, dass sie mich weiterhin „Papa“ nennen.

Von Anfang an habe ich gesagt, dass ich mich wie eine völlig normale Frau verhalten werde. Eine Frau, die mit allem, was eine Frau für gewöhnlich angeht, zurechtkommt. Eine Frau, die hoffentlich in der Zukunft ihre Enkelkinder aus der Schule abholt und anschließend gemütlich eine Tasse Tee mit ihnen trinkt. Nicht extravagant, nicht extrem. Alles ganz normal.

Ich möchte eine unauffällige Erscheinung in dieser Gesellschaft werden und gleichberechtigt als Frau in der Menschenmenge aufgehen.

Im August 2012 ist mein langgehegter Wunsch in einer dafür spezialisierten Klinik in Krefeld in Erfüllung gegangen. Während eines letzten Besuches vor meiner geschlechtsangleichenden Operation, wurde mir durch meinen Psychiater noch einmal Mut gemacht. „Ich drücke Ihnen die Daumen", sagte er und bestätigte mir ein weiteres Mal, dass ich nach dem Erwachen und auch die Tage danach keine Schmerzen haben würde. Lara und meine Tochter waren am Tag zuvor mitgefahren um mir bei allen vorhergehenden Untersuchungen beizustehen. Erst spät am Nachmittag verabschiedete ich mich zum letzten Mal als Ehemann und Papa von meinen allerliebsten Schätzen. Danach ging ich mit einem hungrigen, nüchternen Magen in mein Zimmer. Ich ließ meinen Tränen freien Lauf. Sicherlich eine Stunde war ich für meine transgender Schicksalsgenossin nicht ansprechbar, eine bildhübsche Philippinin, die sich von ihrer zweiten korrigierenden Operation erholte und mit der ich noch ein paar humorvolle Tage erleben sollte.

In dieser Nacht genoss ich die erste wunderbare Nachtruhe seit Monaten. Ich hatte mich völlig in meine Entscheidung gefügt. Es war, als ob ich einen Frie-

densvertrag mit mir selbst unterschrieben hatte, kein innerer Kampf mehr, kein sich drehendes Gedankenkarrussel. Frieden.
Schon früh am nächsten Morgen wurde ich in einer fast fünf Stunden dauernden Operation von meiner Männlichkeit befreit und meine Genitalien wurden in eine Vagina verwandelt, die so echt aussieht, als ob ich nie etwas anderes gehabt hätte.
Ich war von meinem verabscheuten Pimmel befreit!

Nachdem die Narkose ihre Wirkung getan hatte, wurde ich nach ein paar Stunden mit teuflischen Schmerzen unter dem dicken Verband konfrontiert. Die wunderbaren Geschichten meiner Schicksalsgenossen, es täte nicht weh, und auch die daraus resultierenden Versprechungen der Ärzte trafen auf mich nicht zu. Meine Schmerzen waren so schlimm, dass ich nicht einmal mehr erlöst lächeln konnte, als ich mich bei einer ersten prüfenden tastenden Berührung vergewisserte, dass das kleine Ding wirklich weg war. Ich war unvorstellbar glücklich, dass ich nun eine Frau war - aber in meinen ersten Tagen als Frau noch glücklicher darüber, dass ich die Morphinpumpe selber bedienen durfte...

Inneres Glück.

Im Alter von **54** Jahren

Es war kurz vor sechs als Lara mich aufgeregt weckte. Ich sollte schnell mit ihr nach unten kommen. Erschrocken rannte ich ihr hinterher, nur in einem Unterhöschen. Unten im Wohnzimmer winkte sie mich zum Fenster, wo sie selber durch einen Spalt zwischen den Gardinen in den Garten blickte. Ich sah zwei junge Rehe im Garten, nur wenige Meter von uns entfernt. Später kamen auch ihre Eltern dazu. Wahrscheinlich hatten die Bambis sich gerade an den von uns vor kurzem mit viel Mühe gepflanzten Salatpflanzen satt gegessen. Und sicherlich waren sie auch für die abgebissenen jungen Bohnenblätter verantwortlich, über die Lara sich die letzten Tage schon ziemlich aufgeregt hatte. Aber als ich mir die tänzelnden eleganten Tiere ansah, bekam ich eine gewisse Sympathie für ihre Verwüstung. „Sie sind es, die sich an unserem Gemüsegarten erquicken“, sagte Lara empört. „Ach Lara, lass die Tiere doch essen. Lass sie glücklich sein. Ist es denn nicht ein wunderbarer Anblick im eigenen Garten?“, beruhigte ich sie.

Ich hatte mir ohnehin vorgenommen, früh aufzustehen um dieses letzte Kapitel zu schreiben. Ein kleines Kapitel, in dem ich mich an meine Schicksalsgenossinnen und -genossen, ihre Partner, Ehegatten, Kinder und Verwandten richten möchte. Im Gegensatz zu der heutigen Generation habe ich meine Kinder- und Jugendjahre in einer engstirnigen, schamvollen Zeit erlebt. Es ist leicht zu sagen, dass die Zeiten anders waren, die Kenntnis über das Thema nicht da war und ich vielleicht in dem falschen Teil des Landes aufwuchs. Dem Teil, dessen Bewohnern nachgesagt wird, besonders altmodisch und konservativ zu sein.

Als ich mit dieser Lebensbeschreibung anfing, hatte ich erst vor, sie nur für meine Kinder und eventuelle Enkel- und Urenkelkinder zu schreiben. Vielleicht sind aber noch weitere Menschen an dieser Materie interessiert. Aus Erfahrung weiß ich, dass es immer noch viele Menschen gibt, die sich aus Scham auch heute noch nicht trauen, sich zu öffnen und sich ihrem Umfeld anzuvertrauen. Ein solches Schamgefühl beschwert, behindert und hält sie davon ab, sich zu offenbaren, und zu ihrer eigentlichen biologischen Bestimmung zu kommen. Im Extremfall treibt es sie bis zum kompletten Wahnsinn, bis sie denken, nichts anderes mehr tun zu können, als ihr Leben zu beenden. Ich weiß, wovon ich spreche.

Auch manche Eltern, die die Vermutung haben, dass ihr Kind „anders" ist, verstecken diese biologische Störung vor allen anderen - noch immer. Manchmal versuchen sie sogar, erste Wahrnehmungen und Äußerungen des Kindes im Keim zu ersticken.

Durch meine Scham und die jahrelange Unterdrückung meiner Bedürfnisse habe ich viel gelitten und beide haben mich unglaublich in meiner Bildung gehindert. Ich hatte einfach nie den Kopf frei zum Lernen. So schaffte ich auch nach den drei düsteren Jahren auf der technischen Schule meine Abschlussprüfung nicht. Das Endergebnis wurde mir gar nicht bekannt gegeben, so schlecht war es. Am letzten Tag wurde mir empfohlen, irgendwo einen Arbeitsplatz zu suchen. „Vielleicht in der örtlichen Hühnerschlachterei", sagte der Rektor noch gemein, als er mir mein letztes Zeugnis überreichte. Erst spät habe ich die Scham überwunden, eine Entscheidung getroffen und somit meine Geschlechtsänderung in ziemlich hohem Alter begonnen. Ich konnte nicht anders, ich war der Verzweiflung nahe.

Ich bin jetzt so glücklich, wie ich immer sein wollte. Nicht nur glückselig mit Lara, meinen Kindern und allen respektvollen Verwandten und Bekannten um mich herum, sondern vor allem im Inneren. Ich genieße ein harmonisches und gelassenes Leben, Frieden mit mir selbst. Ich stehe erst jetzt völlig offen im Leben und es lacht mich ständig an. Für mich fangen viele Sachen jetzt erst an und ich versuche, die verlorenen Dinge nachzuholen, die ich immer gemieden habe.

Ich gehe in das Glück. Hoffentlich noch viele Jahre zusammen mit Lara und meinen Kindern.

Weitere Lebensgeschichten aus dem

*biografie*VERLAG
ruth damwerth

Gundi Busch
Mein eiskaltes Leben

Hardcover, 184 Seiten, über hundert sw Fotos und originale Zeitungsartikel, 19,90 Euro.
ISBN: 978-3-937772-13-4

Gundi Busch wurde 1954 die erste deutsche Eiskunstlaufweltmeisterin und damit nicht nur ein nationales Idol, sondern auch ein international gefeierter Star. Im grauen Nachkriegsdeutschland bekamen die Erfolge der „gudomliga Gundi“, der vergötterten Gundi, wie die schwedische Presse sie nannte, märchenhafte Dimensionen. „Gundi Busch wird zur Zeit mehr fotografiert, als irgendeine Filmschauspielerin. Wer könnte ihr auch widerstehen?“, fragten die Zeitungen. Noch heute, über fünfzig Jahre später, ist ihr Name den meisten Deutschen ein Begriff. Aber Gundi war nicht nur die Eiskönigin, der Publikumsliebling, der blonde Star auf Kufen, sie war auch ein achtzehnjähriges Mädchen - und: Sie hasste Schlittschuhe.

„Ich war viereinhalb, als mein Vater mich eines Sonntagsnachmittags das erste Mal in die Eishalle mitnahm. Ich sehe noch die Poren im Holz der Bande vor mir, an der ich mich ängstlich festhielt und die direkt auf Augenhöhe lag...“

„Wo gehst Du, Mariechen?“

Taschenbuch, 148 Seiten.
14,90 Euro. ISBN: 978-3-937772-32-5

Im Alter von 105 Jahren blickt Marie Olschewski auf ihr Leben zurück. 1897 geboren, umspannt ihre Lebensgeschichte das gesamte 20. Jahrhundert, ein Jahrhundert, das sie mit zwei Kriegen, drei Fluchten und dem Verlust ihrer Heimat vor besondere Aufgaben gestellt hat. Genauso bewegend ist jedoch, wie die Bäuerin und neunfache Mutter den Alltag meistert. Marie Olschewski lässt in ihrer lebhaften, detailreichen Erzählung und mit ihrer zärtlichen Sprache eine untergegangene Welt wieder aufleben - Masuren.

Arnold Munter. Ein biografisches Geschichtsbuch

Taschenbuch, 268 Seiten.
18,90 Euro. ISBN: 978-3-937772-01-1

Es gibt Biografien, gegen die ist jedes Geschichtsbuch langweilig. Arnold Munters Lebensgeschichte gehört dazu. 1912 im Berlin der Kaiserzeit geboren, erlebt er nahezu alle Ereignisse, die das „deutsche“ Jahrhundert geprägt haben, hautnah mit. Dabei ist er nie nur Beobachter. Jedes der politischen Systeme, die er in seinem Leben kennen lernt, versucht er mitzugestalten - oder zu bekämpfen. Dadurch erlebt er jede Epoche ganz bewusst. Sein ungewöhnliches Erinnerungsvermögen und seine lebendigen Schilderungen machen ihn neben seinem für die deutsche Geschichte geradezu exemplarischen Leben zu einem faszinierenden Zeitzeugen.

Inge Krausbeck
Ausreisezeit.
Abschied von der DDR.

Taschenbuch, 170 Seiten.
14,90 Euro. ISBN: 978-3-937772-15-8

„Ich komme nicht zurück in die DDR!“ Fassungslos vernimmt Inge Krausbeck im Februar 1988 am Telefon den vollkommen unerwarteten Entschluss ihres Mannes, von einem Verwandtenbesuch in Westdeutschland nicht nach Hause zu kommen - und weiß zunächst keine Antwort auf seine Frage: „Kommt Ihr nach?“ Inge Krausbeck lebt gerne in der DDR. Als sie schließlich einen Ausreiseantrag für sich und die beiden Söhne stellt, geht es ihr in erster Linie darum, die Familie wieder zusammen zu bringen. Drei abgelehnte Ausreiseanträge, zwanzig Monate und zahllose Schikanen später sieht die Ärztin ihr Heimatland in einem ganz anderen Licht und nur noch einen Ausweg: die westdeutsche Botschaft in Prag. Es ist der Sommer 89...

Inge Krausbecks Erinnerungen, Auszüge aus ihrer Stasiakte und aus Briefen aller Familienmitglieder machen einen spannungsgeladenen „Abschied von der DDR“ lebendig.